FRIENDAHOLIC

害怕沒朋友

交友狂的「友誼斷捨離」之路，
原來不需要那麼多的朋友，反而過得更好

ELIZABETH DAY
伊莉莎白・德依 著　　童唯綺 譯

給艾瑪，

我最好的朋友。

Contents

前言

曾經有人跟我說過，有一個人很鄙視寒暄這種行為，如果是在派對場合裡，他永遠不會去打聽別人的職業或是聊天氣，更不會去問賓客抵達會場花了多少時間以及他們走什麼路線過來的，或是他們是否避開了某某公路的車潮。取而代之，他的開場白總是：「除了工作和家庭，你的熱情是什麼？」

我第一次聽到這個趣聞時，不禁佩服這個人的創意，但如果是我，我會一時之間想不出該如何回答「我的熱情是什麼」。

十幾歲的時候，有人告訴我把愛好寫在履歷上的重要性，以彰顯自己是一個全方位的人，所以我一直努力地東拼西湊力求完整。我去上騷莎舞課但實在好討厭它，最後聽從學校職涯顧問的建議，還是把它丟進履歷表。小時候，父親曾帶我去玩繩索垂降，這也成為履歷中的一項；我還會吹小號，所以也把這項列入；我也寫下「電影」，因為我的確喜歡去電影院而且最愛點中杯鹹甜口味的爆米花。結果，任何潛在的雇主都認為我是個能夠勝任的應試者，因為我既是騷莎舞者，也會吹小號，更是個會去看電影的繩降愛好者，但我無法斷言自己對其中哪一個活動感到充滿熱情（除了爆米花以外）。此外，感到熱情的事物不同於愛好吧。前者是一種概念，一種感覺或是某個特定人物；後者通常是指某種活動，甚至是需要防滑冰爪輔助的那種，不是嗎？

大約兩年前，答案突然在我腦海中閃現。與全球不計其數的人們同步，我們歷經了一場大型的流行病，我從原本擁有活躍的社交生活變成完全零社交生活，我好想念朋友，那強烈的程度連我自己都感到驚訝——我想念他們的臉、他們的擁抱和他們特有的香水味，想念我們七嘴八舌的閒聊。

我發現了我的熱情所在：就是友情。我的朋友們見證了我人生中種種的意外轉折，在我歷經分手、懷孕問題、結婚、離婚、流產、工作異動、搬家等等時刻都給予我支持，對我很好，並且給我良好的建議。事情進展順利的時候，他們會和我一起慶祝，我們一起笑過哭過，共同走過風風雨雨，成功時一起歡欣雀躍。

我無法用任何語言來精準地描述朋友們對我的意義，因為大多數關於「愛」的詞藻都用於浪漫關係。我當然並不是「愛上」他們，而是有著幽微的差異——我是對他們充滿熱情。

就像很多讓人有熱情的事物一樣，友情也讓我深感著迷。回想起來，我發覺自己非常喜歡這種有連結的感覺，所以開始依賴它，一直不斷地在尋找新友情。我只要剛認識一個人就會立刻想和對方透過一些小小管道牽起緣分。一旦我們開始進入對話，我知道自己仔細傾聽，就能找出我們之間的共同點，像是共同的幽默感或對特定書籍、歌曲或電視節目的共同愛好。我會從交流的那一刻起，內心有種美好的感受油然而生，有如打了一劑友情猛藥。在那一刻，我會覺得自己有價值，被人喜歡和受到接納，我想要更多這樣的感覺，也逐漸變成需要更多，後來我的自我價值全奠基於此：我一定是個不錯的人，因為我有這麼多朋友！

在三十歲後半段，我開始感覺有些友誼無法維持下去，我發現自己沒辦法以想要的方式維繫我所有的友誼，也沒有足夠的時間陪伴每個朋友，而且還能維持正常的生活。這代表我變成一個不那麼好的朋友，因為有太多事分散掉我的注意力了，我努力不讓任何人失望，也確實做到了。我答應了各式各樣的邀約、聚餐、購物之旅、婚禮、生日和產前派對，由於擔心如果不這樣做，朋友可能會對我感到失望，所以我面對邀約照單全收。當時我認為最重要的是，為了維持友情就要一直答應別人的要求。如果無法做到，朋友們會認為我很不討喜，把我被逐出社交圈。如果我沒有朋友，就必須誠實面對自己，可能還要面臨這不討喜的存在性寂寞，這令人感到害怕。

結果我發現自己不僅僅是熱衷於友誼，而是對它上癮了。我有生理上和情感上的依賴性，有一種追求它的衝動，即使這麼做的代價可能會損害自己的內心平靜。簡而言之，我罹患了交友成癮症。

正在閱讀這段文字的你可能想：「無妨吧！朋友太多似乎不是個問題。」你也可能假裝表示同情，或貓哭耗子假慈悲一下，而且我同意你說的有部分是對的：交際圈很廣泛是件很棒的事情，尤其當生活中的另一個選擇是「強制隔離」的時候。

有些人患有嚴重的社交焦慮症，有溝通方面的困難或患有心理疾病，這讓他們連離開家門都很掙扎，更別說是結交朋友了。由諮詢服務機構於二〇一七年發佈的一份報告指出，13%的人根本沒有朋友。缺乏社交對健康的危害相當於每天抽十五根煙，對平均壽命的危害是肥胖引起的兩倍。

不過，不只是沒有朋友會降低你生活的品質和壽命的年限，擁有太多朋友也會產生負面影響。研究青少年友誼的研究人員發現，社交網絡太大或太小的人都出現更高的憂鬱症狀。來自歐洲各地五十歲或五十歲以上的人也表現出類似的模式：如果有四到五個親近關係且每周參加社交活動的人，憂鬱症會最小化。超過這個數字，益處就會減少或者完全消失，又或是變得有害。若擁有七個或以上的親近關係的人，更會出現顯著的劇烈下降，維持這些友誼的需求與憂鬱症狀的高漲彼此關聯。

雖然我們普遍認為擁有很多朋友的人也一定是值得結交的人，但事實恰好相反：人其實更喜歡與社交圈相對較小的人交朋友，可說是直覺認為如果某人朋友過多，對方以任何有意義或可靠的方式回報朋友的能力將嚴重削弱。

一直以來，我忙於建立和維持與朋友的關係，實際上破壞了對我來說最重要的事情。為了迎合那些我並不是真的很了解的泛泛之交，我犧牲了那些少數真正的知己，成為對他們來說很爛的朋友。

說起來，問題並不是我有太多朋友，而是我誤解了友誼的基本概念，友誼應該是穩定、互惠和相互傾聽的。在此也澄清一下，我對友誼的定義為：朋友是你自願想要一起共度時光的人，你與他沒有家庭關係，也沒有性關係或浪漫關係。在我看來，真正的友誼建立在相互尊重、支持、真摯的感情和友好的基礎上，除非你有辦法打破目前的時空定律，否則不可能讓每個人都進入你的生活圈裡。

即使了解自己可能對友情過於投入，並不代表就懂得如何治癒自己。我也不知道如何修正方向，也無從得知哪裡可以找到資源了解「友誼」這個詞彙的意義，我真的不清楚什麼叫做友情／友誼，這個詞太過含混不清，讓任何描述幾乎變得毫無意義。然而，對我來說，它同時包含了所有最有意義的事，也超越了單純的語言表達。

因此在試圖理解這個世界時，我做了自己一直在做的事情：我和朋友們交談。這是一場自我探索之旅，我希望這本書透過提出一些有趣的問題，以及涵蓋值得深思的議題，引起更多討論。

一位十九世紀的哈薩克詩人兼哲學家阿拜．庫南巴耶夫（Abai Qunanbaiuly）曾說過如何辨識真朋友：「虛假的朋友有如影子：當陽光灑落在你身上時，你無法擺脫他，當烏雲密佈之時，怎麼也找不到他。」

不同年齡層的人對待友誼的方式會有所不同。Z世代（出生於一九九六年至二〇〇六年之間）和千禧世代（出生於一九七九年至一九九五年之間）更常進行網路交友，有33％的人透過線上與朋友互動感到被愛，而在一九四四年至一九六四年之間出生的人中，只有18％的人有同樣的感覺。

沒有任何一部關於友誼的作品能夠準確表達這種多方面的重要性，這意味著本書的內容十分倚重我的個人經驗。我的觀點是由我的生活所形成的，從廣義上來說，我的生活是非常幸運的，也因此我無法平等客觀地傳遞不同的生活經歷，所以我邀請適合的對象分享經驗，為本書增添不同的觀點。

我們都應該述說我們的故事，每個人的故事就本質而言來說都是獨特的。總而言之，這是一本個人的書，有個人的反思、見解和研究。這一路走來，我有幸採訪了很多人，他們分享了很多有智慧和有趣的事情，其中包括五位我最親愛的朋友，他們每個人都代表了對我不同也是不可或缺的友情的意義。這本書中你會認識到瓊安、薩特南、夏梅、克萊米和艾瑪。書中也會看到其他人的第一手經驗分享，讓你窺見友情對於其他人的意義——從患有神經多樣性的伊拉克女子、半身麻痺的電影製作人，到身患絕症的八十歲老人。他們都擁有非凡的友情故事可以分享，就像閱讀這本書的你也一樣，說不定這些文字會啟發你分享自己的故事。

我希望這本書是包羅萬象的、包容的、寬容的和真摯的；希望這本書能夠陪伴你左右，帶給你快樂。希望在這些篇章中，也能發現像你一樣的人物，幫助你了解自己的熱情所在。

如果不是呢？那也沒關係。據我所知，我們不必成為朋友。

01

疫情

封城教會了我
什麼是友情

星巴克的車道型門市裡有一個停車場，這地方永遠在我心中佔據一特殊的位置。因為二〇二〇年五月時我在這裡第一次和最好的朋友艾瑪見面，這是兩個半月以來的第一次。我們就像很多人一樣因新冠肺炎疫情而無法見面，幾周前實施了第一次全國性封鎖。當時的英國首相強森透過電視演說指示英國人民「待在家裡」，大家每天只能外出運動一次，並且禁止來自不同家庭的兩個人以上的聚會。婚禮和葬禮即刻起停辦，所有人那天晚上都關上大門，進入一個完全不一樣的世界裡。最糟糕的是，沒有人知道情況接下來會如何。

過去每當有危機時，我都習慣性地求助於最好的朋友，但現在這種情況下，不知道要隔多久才可以與她見面、擁抱。我不能搭火車去探望她，但我知道她家廚房已儲備了我最喜歡的食物；她也不能來看我，並且在我家的空房裡過夜（她總愛宣稱那是她的「專用房間」）。我們不能在沙發上並肩坐著，一邊抓著對方的手臂按摩，一邊分析實境秀《閃婚：澳洲版》裡的小巧思。知道這些在可預見的未來裡都不可能實現，讓我們感到失去連結感，甚至有點恐慌。

自從在大學新生周認識以來，我和艾瑪一直是最好的朋友。她風趣、聰明，有一半瑞典的血統，是風雲人物。相較之下，當時的我很沒自信。艾瑪有一頭長長的捲曲金髮，而我則頂著剪壞的愚蠢褐色呆瓜頭。我和艾瑪之間則因為同樣熱愛拿電影《王牌大賤諜1》裡的對白當哏，進而搭起了友誼的橋梁。

到現在為止，我仍然認為與艾瑪相遇，是一件非常幸運的事情，甚至可以說是我「拐騙」她成為我最好的朋友。宇宙的非凡的偶然帶領我們來到這裡相遇的機率有多大？儘管我們的成長背景完全不同、修習的學位科目也不同，我們最終還是相遇並墜入了彷彿柏拉圖式戀愛，這是怎麼搞的呢？

友誼是美妙的偶然事件，對於任何有幸遇到意氣相投的人來說都是如此，這種相遇本身的發生就是一種美。雖然我們大多數人只期待一生遇到少之又少的戀愛伴侶（在社會文化的渲染下，最好還是真正的靈魂伴侶），而我們通常會期待自己這一生擁有多重的友誼關係。

我們不必對友情採「單一伴侶制」，而且如果真的這樣做，大家會認為你很奇怪。想像一下，聽到有人說「我只有一個朋友」，你可能會覺得對方有點怪，不是嗎？

與艾瑪的友誼幫助我度過了人生中最艱難的時期——流產、離婚、生病，同時也是我最大的快樂源泉之一。在遇到我先生之前，艾瑪是我最想一起共度時光的人，她比我自己更了解我，原因除了她認識我的時間比大多數人都長，還有部分原因在於她是一名心理治療師，所以在專業上有資格批評我的胡說八道。

當然，隨著時間的流逝，我們也在各自的人生道路上不斷前進。她二十七歲時嫁給一個好男人，他們至今仍然在一起，而我則從一段感情移到另一段感情。在離婚之後，對於如何處理一段不健全的關係，我將自己所學發揮得淋漓盡致，那就是「忽略它」，並因此陷入持續兩年都在失戀後迅速尋找下一段戀情來療傷的日子，最終在我三十九歲生日前戲劇性地結束這個惡性循環。我那時在交友軟體上遇到賈斯汀（我現在的先生），已經對自己的判斷失去信心，所以我們開始約會幾周後我做的第一件事，就是請他跟我和艾瑪共進晚餐，這樣她就可以告訴我她的想法。

我本來想像她會在點開胃菜時默默地比出讚或倒讚，她並沒有這樣做，但是第二天確實傳了一個豎起大拇指的表情符號給我，這就是我最需要知道的評價。賈斯汀沒有意識到他參加了一場測試，但幸運的是他通過測試，我帶著十足的信心覺得能夠繼續了解他。

如果要說有什麼不同的話，這些年來艾瑪和我的關係益加緊密，儘管有些事物居中阻撓。首先是地理因素，我們住在不同的城市，然後是家庭責任，她有兩個孩子要照顧，我則是有隻貓咪要養。她恢復了天生的深色髮色，而我的頭髮仍然是深棕色，隨著我們年紀越大，就越常聽到別人說我們像姐妹。

在疫情封城之前，我們並不是每天都會見面和聊天，因為我們都不喜歡打電話，而是偏好冗長的訊息或語音留言，不過知道「只要想的話就可以見到對方」這件事為彼此帶來安全感。所以，封城撕裂了這道安全網，即使我們想要見面也無法如願。我們確實想要，非常渴望見面，開始用一種麻木、朦朧的悲傷想念著彼此。我們非常想念對方，因此打破了以往的原則，開始視訊，結果發現它沒有那麼糟，事實上感覺非常好。

我們甚至開始在星期六早上一起上線上直播的瑜伽課，但過沒多久就覺得沒那麼有趣了。緊盯著Zoom的小小四方形觀看學員一起擺出下犬式或烏鴉式，以及看巴特教練漸漸因為我們失去對細節的注意力而感到焦慮，整個活動的吸引力變得很有限。

我和艾瑪覺得如此想念彼此有點傻，因為這與我們平時的互動程度沒什麼不同，但是現在回顧起來，我們當時很害怕。以前從未經歷過這種全球性的疫情，一種未知的病毒肆虐世界各地，並以無法解釋的嚴重病情殺死無以計數的人。當你感到害怕時，即使無法承認自己的恐懼，也會想求助於這世上你最愛和最信任的人。

對我來說這個人就是艾瑪，這也把我們帶到星巴克的車道型科巴姆門市。在歷經六周的封城之後，限制令稍有鬆綁，有些咖啡廳開放外帶。艾瑪知道我有多想念我經常喝的星巴克茉莉花茶，所以想找一個離我們雙方來說都是差不多距離的地方，一起吃吃點心、像一對患了相思病的青少年在停車場裡廝混。這就是為什麼我在一個風大的星期六早晨，開了將近一個小時的車抵達那裡，我的心帶著期待一直撲通撲通地跳著。我感到很興奮，很激動，我敢說，我很緊張。所有那些通常套用在浪漫愛情中期待感，都在這時轉移到這份友情上。這就像第一次與久別重逢的舊情人約會，但省去煩惱該穿什麼才能給予對方性感印象這類的麻煩——我穿什麼去見艾瑪並不重要，重要的是我能見到她。

到了以後，我看到她開著一輛休旅車出現在我身後，每次見她握著方向盤總是讓我感到震驚，因這在在提醒著我們如今已是成熟的大人了。我們買了飲料，並排停車，保持著社交距離坐在混凝土製的擋風磚上，直到我們心照不宣地承認現在有點太冷了，然後回到各自的車裡，開著車門聊天。和她聊天真是太開心了，但也感覺很奇怪和拘束。以前我只要看到她就會習慣性衝上前擁抱她，艾瑪雖然遠沒有我熱衷於透過觸覺表達，但發現我不能做平常會做的事情也覺得很奇怪。我們尷尬地坐在那裡，想觸碰對方但不能，我們因為相聚而快樂，卻無法用肢體表達這股喜悅，有一瞬間讓我們不禁眼眶泛眼。

我們像往常一樣無所不談，談話、笑聲和有人相伴真好的情緒，歡快奔放地持續流動下去。一直有其他人開車經過，並需要停車位，我們才關上車門，轉動鑰匙，隔著擋風玻璃相視而笑（艾瑪實際上擺出誇張的傷心表情），然後開車各自回家，不確定未來會怎樣發展下去，但我們的友誼比以往任何時候都更堅固。

我一直留著那天的星巴克外帶紙杯，洗乾淨放在廚房檯面上，後續幾周裡，每天我都會用那個紙杯給自己泡一杯茶。每每喝下這杯茶，就感覺離艾瑪更近了。過了一陣子，紙杯變得濕濕軟軟，不得不丟掉，但我在星巴克停車場那幾個小時獲得的精神養分，支撐了我很久、很久。

⊙ ⊙ ⊙

封城幾天以後發生一件事，我在臉書上收到了一位叫艾拉的朋友傳來的訊息，老實說這有點奇怪，因為她也有我的電話號碼，我們通常是透過WhatsApp 聊天，畢竟誰有時間一直查看臉書的消息？

無論如何，「臉書動態回顧」可說是罪魁禍首。幾年前我們在一次聚會上拍的照片突然出現在艾拉的動態牆上，就像潮濕花園草坪上一夜長出的蘑菇般突兀。

艾拉把它轉發給我，附上這則訊息：「看看你沉迷於生小孩、決定不再和我一起玩之前的樣子。」

我讀了好幾遍才察覺到她不是在開玩笑，她就是故意要這麼刻薄。我不僅對內容感到驚訝，也對她真的按下傳送鍵感到驚訝。我知道我們都會對大多數朋友在貼文中表示現在與自己處於不同的人生階段，感到受到打擾，但是把它白紙黑字寫出來，傳給你的目標對象讓他知道你有多生氣——這似乎有點矯枉過正。更別說在臉書上這麼做，真是太荒謬了。

我推測是疫情讓每個人都有點精神錯亂，也許這是一時的判斷錯誤造成的。然而，要不是這是我們認識以來，艾拉對我多次漫不經心拋出的輕蔑態度之一，我八成就是睜一隻眼、閉一隻眼讓它過去。

我們是暑假期間在同一個職業介紹所認識的。艾拉很有趣，她是個派對動物，我們會一起出去吃晚飯，喝得醉醺醺，坐附近的男人會搭訕她（她非常性感），然後我們去泡酒吧，當我獨自跳舞時，會有更多的男人跑來搭訕她。我會喝裝在塑膠杯裡的溫熱伏特加通寧，假裝我沒有受到任何人的青睞也沒關係，假裝我無比地縱情享樂，假裝知道如何以漫不經心的方式隨著小甜甜布蘭妮的〈中你的毒〉跳舞，直到不得不承認，自己可能沒有像應該要有的那樣開心。那時我什麼都不知道，自己掉入了一個文化陷阱，也就是這種無數情境喜劇和電影裡所宣揚的享樂方式一定是對的。如果我無法享受的話，問題就一定出在自己身上。

這種狀態一直持續到三十多歲我們都結婚了，從不想要孩子的艾拉繼續開心玩樂，我也為她感到高興，然後她搬到另一個國家一段時間。這是我們的友誼出現裂痕的第一個跡象，她會一直要求我去探望她——我確實做到了，前去拜訪過幾次，但是感覺好像遠遠不夠，艾拉要求更多，我開始覺得自己好像在餵養一頭食慾永遠無法滿足的貪婪野獸。

大約在我想要孩子的時候，她搬回了倫敦。那時我先是無法自然受孕，去做試管嬰兒也不成功，沒想到幾個月後我出乎意料地懷孕了。艾拉就是在此時說服我一起去波蘭的克拉科夫度周末，因為她受邀去參加一場純女性的聚會，她不想一個人參加。我跟著去了，從沒思考過自己花錢出國跟一群從未見過面的女性聚會（還不能喝酒），到底有哪裡好玩這樣的問題。我去是因為艾拉請求我去，她說這個聚會就是超好玩的那種，而我非常想成為她名單上隸屬「超好玩」的一員。結果，要跟一群擁有許多圈內笑話的人打交道，讓我很不自在，到了午夜時分整個人筋疲力盡。我選擇回到我們訂的 Airbnb 房間，回程迷了路不說，凌晨四點還被艾拉吵醒。她要跟姐妹淘聚會沒有問題，只是我不懂自己為什麼會在那裡，而在那個星期天，我不知為何下體開始流血。

「應該沒事啦。」艾拉這樣安慰我。

但是，我內心深處知道事實並非如此，那天晚上回到家時感到焦慮和疲憊。我接受過太多次的人工受孕療程，所以對這次自然懷孕感到很緊張，我告訴自己反應過度了。我上網搜尋「懷孕初期出血」，很多資訊說這很常見而且會沒事的。然而出血持續了一個星期，後來我去醫院接受緊急超音波掃描，得知胎兒的心跳停了。

我忍不住大哭，超音波檢驗師說會在幾天後為我預約手術，要把腹中的「早孕死胎」清除。結果，我在第二天開始流產，在醫院度過了一個孤獨、痛苦的周末。那時，我以為自己要花幾天時間才能康復，但現在我意識到這個過程需要好幾年。有一部分的我仍在復原中，還有另一部分永遠都不會好。

經歷那次流產之後，我的婚姻後來也跟著破局，我離了婚，生活每況愈下。但由於我養成了裝腔作勢的習慣，也過分重視過時的觀念——要壓抑情緒並且頑強地死撐下去，所以大多數人無法從外表上看出來，八成還會認為我應付得很好。除非你努力去觀察我沒有說或沒有做的事情、去理解我的沉默和缺席，才會發覺蛛絲馬跡，而要求朋友做到這個程度其實很難。

我在婚姻告終後立即做的一件事就是經常外出，除了幫助自己分散注意力，可能也有部分的我希望外在生活能夠反應出那些無法通盤表達出來的內在悲傷。以我有限的生命經驗來說，結束婚姻讓我感覺自己很失敗，即便有部分的自己認為離婚是正確的決定，無論如何我還是無法完全肯定這點。在行動和確定性之間，有種自我厭惡感萌生。於是，為了懲罰自己失婚，我開始晚上外出並到早上才睡，由於睡眠不足而感到精神不濟，還有飲食不規律和慣性遲到。我不該感覺舒暢快樂，所以開始積極讓自己感覺不好。

那段經常在晚上出門找樂子的日子，我自然會與可以勝任這項任務的朋友走得很近。跟艾拉在一起很容易找到好玩的事，包括壽司、伏特加、夜店及與男人的偶然邂逅，然後還有更多的伏特加和因為太多的伏特加所導致的嘔吐。每次關在廁所裡吐，我都覺得好孤單，甚至意識到自己在哭泣，但我又不想承認心中難過的情緒。第二天早上艾拉都會離開，而我會等宿醉結束，然後逐漸意識到我宿醉理由不是酒精，而是因為友情。

這些年來每次和艾拉見面時，我們的談話焦點都圍繞在她身上，這不是壞事，我也很確定她經歷過很多事情——更何況，她陪伴在我身邊，我們相處很開心啊！或至少我認為我們玩得很開心……後來我覺悟到這些時光我們不是真的開心，只是彼此都在利用好玩有趣這點，逃避去審視和面對接下來的人生中所缺乏的東西，我們兩人都是。

在我第一次流產以及接踵而來的離婚之後，慢慢意識到原來我活到現在，花了很多時間在努力成為一個不像我自己的人。過往人生中，我浪費不少時間在取悅他人，卻從來沒有思考過，在那個總是想要被他人喜歡的渴望之下，「真正的我」到底是誰。

一直以來，我都讓自己的需求被其他更有自信的聲音蓋過去。簡單來說，我對很多人撒了一個謊言，不知不覺在自己的生活中演起戲來，而且演技還算是非常有說服力。在過去三十多年絕大部分的時光裡，我甚至也說服自己相信「這就是我」。

是艾瑪讓我面對這種雙重性，並且教會我偷偷關在廁所裡哭有時候會是一種掩飾，為了避免流露出更多不想被發現又難以說明的情緒，好比像是憤怒或悲傷。也是艾瑪讓我明白，也許我可以做我自己——一個真正的我，而不是繼續當那個試圖滿足其他人期望的人。這麼做並不會怎樣，事實上，這對我來說會有更好的影響才對。

一如我所預料，我和艾拉漸漸疏遠，因為轉變中的我已經不是我們當初相識時的那個人，而且這些年來她也改變了。不過，艾拉雖然認同自己人生中的變化，但就這段友誼來說，卻似乎沒有那麼多空間可以容納我的變化。

在《我們是真正的朋友》這本書當中，兩位作者談到了「伸展」（stretching）的概念。他們主張正如身體的肌肉需要「伸展」方能保持柔軟和彈性，友誼也是如此。書中寫道：「剛開始的友誼會出現一些小伸展，比如不高興你的朋友總是要等一天之後才回覆你訊息，或者要承認你們的音樂品味不同，這些課題都有待克服。稍微大一點的伸展課題，通常會在之後出現，假設你們曾經住在同一個街區，現在彼此住得更遠了，必須決定到底要在誰的地盤見面；或者是更大的伸展課題，例如你們曾經感覺彼此在經濟上是平等的，後來其中一方變成賺得比較多，造成每次要結帳的時候，空氣中開始瀰漫著緊繃的氛圍。」

「往後的人生中可能還會出現更巨大的伸展課題，打個比方，你們其中一方要搬走、要生養小孩或是罹患慢性病，你們必須重新協調你們之間的友誼往來守則。一段長年的友誼可能只需要一段舒適、熟悉的伸展練習就能維持下去，但要是之後有人開始上夜班、成為主要的照顧者，或者遇見未來的人生伴侶，你們就必須學習一套全新的往來技巧。」

一段健全的友誼需要「交互伸展」以適應彼此不斷變化的需求，不過，如果我們自己沒有意願的話，當然也就沒有必要去伸展它。畢竟，這世上不是所有關係都是值得努力維持的。如果往同一個方向過度伸展，那麼你們之間的友情就會開始失衡。

這就是發生在我和艾拉身上的事情，這段友誼中的伸展課題已經出現了：我們有段時間相隔兩國，而現在也處於不同的人生階段。如今我改變了（在她眼中）並且變得更像我自己（在我眼裡），這又是另一大課題，我們已經無法再承擔了——肌肉已經被拉伸得太緊，差一點點就要到韌帶拉傷的地步。

值得稱讚的是，艾拉有傳簡訊給我，想知道我怎麼了，但是身為習慣迴避衝突的交友成癮者，我真的不知道該說什麼。我堅稱是人生到了一個階段的關係，我還是很積極於尋找伴侶和建立家庭，然而滿足於沒有孩子狀態的艾拉無法完全理解我的心事。說實話，這其實是個人成長的一環，可是對於自己沒有保持不變這件事，我自覺讓她失望了。某種程度來說，這就像是另一次的離婚。

我們仍會和對方碰面，但通常是在一大群人出席的聚會。每次面對面，無言的緊張感就會從中劈啪作響，我也注意到艾拉會在別人面前說我壞話，只是我從來沒有約這群人出來澄清，如今回想起來，也許我該約他們出來。取而代之的是，我的傷口更加潰爛了，就像一塊乾火種，放在徐徐燃燒的火堆上。

所以在疫情初期，收到艾拉傳來的臉書訊息，我並沒有那麼驚訝。在某種程度上，這證實了我長期以來的懷疑。此外，也許我真的不再那麼有趣——或者說我已經不是艾拉所希望的模樣——如果這就是她對我的真實想法，為什麼她要當我的朋友？我為什麼要和一位如此看不起我的人做朋友？我想應該要結束我們的友情了，這就像看到有個匝道指示要轉彎，但另一個人則堅持要繼續直直開，我可以優雅地放手。人生中有一段時間，我們一直都在同一條路上，前往同一個目的地，現在我們的目的地不同了，那也沒關係，這也是理所當然的。

我鬆了一口氣，因為不再需要去嘗試了，現在有個明確的理由不再需要為我們的友誼繼續伸展下去。我心想，這是什麼愚蠢的伸展，即使做對了也會覺得很無聊、很痛苦，我不願意再為這個人繼續努力了。

只是事情從來都不是那麼簡單。雖然我們的友誼有棘手的時刻，也有過很多美好的回憶。這不是艾拉的錯，只是我找尋快樂的方法跟她不再一樣。無論是不想要孩子，或者是我發現自己需要私人空間來處理個人的事情，這些都不是她的問題，而且說不定也不是我的問題。也許我們都沒有錯，這只是友情變淡，逐漸疏遠而已。

總之，事情就這樣發生了，但在友誼逐漸消散時會產生一股羞愧感，這是其他領域罕見的。一段戀愛關係的結局通常比較平凡，我有過六個認真交往的前任對象，不管是我或對方主動提分手，沒有人會因為我們結束了一段不適合的關係而認為我們有什麼人格上的問題。我們可能互不認同，又或者有一方想再努力一段時間，但最終我們會接受這個決定，因為這是正確的做法。儘管我對大多數的前任對象有著深厚的感情，但我現在並不想再進入過往的任何一段交往關係中。

雖然分手並不會讓當下的心碎變得更容易處理，但至少是可以表達出來的。假如我和艾拉是一對伴侶，我們在一起十年，經歷了種種高低潮，最終意識到彼此想要的東西略有不同，因此決定分手，這在社會上更容易獲得接受。

假使我們能將友誼層面的分手視為自我成長必要的一環，並且能夠更認知到不是每位朋友都會終生相伴，有些人只會參與部分重要的生命事件，這樣就會輕鬆許多。我們不會對朋友寄予不切實際的期望，我們會互相包容對方的成長，如果在一起感到不快樂，我們會懷著愛互道再見。

不過，最終和艾拉攤牌分手的時候，我感到很羞愧。我剛開始沒有回覆她的臉書私訊，後來她又傳訊息來道歉，我回覆說很感激她這麼做，我們互相傳來傳去，但我意識到對這段友誼不再有安全感了。我不知道下一次她又會說什麼無情的話，我現在明白自己永遠不會知道她對我的真實想法。

封城生活讓我重新審視自己到底想要怎麼運用時間。以哲學層面來說，沒有比全球性疫情更能提醒你生命是短暫的。從實踐層面來看，我一夜之間清空了手帳上記錄的所有社交義務，挪出的空間讓我了解到誰才是真正想見的人，而且把名單跟那些我曾經花費大把時間共度的人進行比較，發現兩者幾乎沒有重疊。

一般來說，疫情前的晚間時光都用在那些對我要求頗多的人身上，那些人一直想要約見面，堅持我們非常需要更新彼此的近況，甚至還會情緒勒索，讓我自覺是不夠用心的爛朋友，因為即使我答應了，他們仍然覺得見的面還不夠多。你也許會覺得這樣很幸運啊，我根本人在福中不知福，或許吧。

我青少年時期沒有這麼多朋友，隨著年齡的增長，每每發現有人可能很喜歡我就覺得很驚訝。在工作活動或瑜伽課上偶然遇到的人想和我一起出去玩，這讓我覺得自己很特別，重要的是，這讓我覺得自己很討人喜歡，這些都強化了我的自尊——只要我有很多朋友，就永遠不會孤單，永遠都會有人喜歡我。

到了三十多歲的時候，我對友誼的狂熱達到了白熱化的地步。那時我是個沒有兒女、有一定年紀的失婚婦女，我最大的恐懼之一是如果沒有竭盡所能打造出廣大的交友網絡，最終自己會被社會遺棄，孤獨終生。正因如此，只要遇到一些友誼半途說再見，我會立刻找人來填補空缺。我的朋友急速增加，我非常喜歡他們——

真的很喜歡，但隨著時間過去，我發現這些新朋友中很多人對友誼的標準與我不同。他們希望有定期的午餐聚會，以及要在一小時內馬上回電或是回覆訊息，如果我無法滿足他們想像中的友誼規範，他們就會覺得很受傷，指責我太忙，並說：「難道我只能從 Instagram 上知道你的近況嗎?!」

這些社交義務就像一團頭髮般堵住我的數位行事曆。我要強調一點，我是真的很喜歡這些朋友，但是沒有無窮無盡的時間按照他們所期望的頻率面對面交流，而且我也很不喜歡每次拒絕他們的邀約時，內心升起的強烈內疚感。

封城期間讓我看清自己的行程有多失衡，之前所有的時間都花在滿足那些對我提出要求的人身上，因而幾乎從未跟最愛的朋友見面——那些能夠滋養我的心靈和散發出正面能量的人；交談之後總是會讓我心情變好的人；從未對我有任何要求的人；知道我的缺陷但仍欣賞我的人；總是以寬宏大量之心想到我的人。如果我因為壓力大而言行有點脫軌，這些人從不會計較，他們也清楚我會在方便的時候聯絡，能理解我就是極度厭惡通電話。

老天爺，我好愛他們，而且也意識到我可能從沒好好展現出自己有多愛他們，因為我一直忙著討好其他人。也許我需要開始這麼做，為了給我所愛的人留出位置，我必須先打造出這樣的空間。這很簡單，意味著逐步淘汰那些一直竊據我生活的人事物，而不是一直增加它們。

正因如此，我傳了訊息給艾拉，坦白我正在解決一些個人問題，所以想要保存精力，並好好選擇自己想要和需要什麼樣的感受，我寫說我只想傳遞愛給你，最後我用親吻的圖案道別。

我不會假裝這很容易做到，我花了好幾個月才做到這點。選擇「結束一段友誼」而不是扭曲自我來維護友情，對我來說似乎是難以形容的反常之舉。我覺得很羞恥，真是個爛人，竟然讓艾拉失望，卻沒有勇氣與她正面面對我的感受？我是個膽小鬼、騙子，我沒有達到自己的友誼標準。

兜了一圈，情緒最終稍微安定下來了，但幾周後，仍然糾結在那裡，不過至少那些陰險貪婪的鬣狗如今坐在地上，而不是用牙齒撕咬屍體。封城生活解除後，我更謹慎地選擇共度時光的朋友，開始感覺好多了，然後出乎意料之外的是，我開始感受到愛，都是有關艾拉的：她那閃閃發光、恰到好處的不完美；那些在歇斯底里的笑聲中結束的夜晚；一起享用過的佳餚；這段破碎、意想不到的友誼。還有，對於我們兩個不完美的人，在經歷各自的旅程之後成為現在的樣子的感動——我們仍然有缺陷，但也許對這些缺陷有了更多的認識。

儘管我們的友誼結束了，但我們也因為彼此而成長，也許在放下的過程中，我們了解到自己身上不可或缺的一些事物。也許這樣就可以了，或許就是這樣的一種愛吧。

⊙ ⊙ ⊙

我沒有停止交朋友，沒有收起友誼城堡的橋梁，護城河仍然可以通過，只是我變得更有選擇性。在過去，只要有人表示出一點意願我就樂意跟任何人交朋友，因為比起去欣賞真正的自己，能被別人喜歡對我來說才是更重要的事。對以前的我來說，能夠被別人認可為「人真好」、「沒話說」、「很可靠」或「讓人開心」很重要，但我忽略了這些都是值得令人欽佩的特質，不過應該是要發自內心地感受到，而不是依賴外界的說法來證明它們的存在。

簡而言之，這場疫情讓我明白，你必須首先做你自己，然後去選擇那些在你能夠做你自己的基礎上，還願意和你成為朋友的人。而且不只是這樣，他們要能去愛這個做自己的你。實際上，友情的基本條件就是古希臘先哲希波克拉底所說的：「首先，不要傷人。」對我來說，公平的友誼應該建立在不言而喻的承諾之上，避免採取惡意的行動，並且在想到對方時總是從寬容慷慨的角度來看。

這聽起來很簡單，但我花了四十三年的時間才明白。不過，這不一定是壞事，正如古羅馬哲學家西塞羅在其鉅作〈論友誼〉中所說：「就一般法則來說，在我們達到一定年齡，人格和生活方式已建立和確立之後，才能投身友誼之中。」這篇論述啟發諸多文學家，西塞羅還寫到友誼試驗期的可取之處：「問題在於，如果不嘗試一下，就很難確定誰具有朋友的理想品質——嘗試的唯一方法是成為他們的朋友。因此，友誼是先於理智判斷，所以消除了試驗期的可能性。所以，就像阻止一輛奔馳的戰車一樣，我們應謹慎地抑制一時衝動的善意。正如我們總是在賽馬之前先測試馬匹一樣，我們也應該以同樣的方式測試潛在朋友的品格。」

全球疫情造成的強制隔離，讓我有機會重新評估自己對待友誼的方式，並退後一步自問，我真正想要的陪伴是什麼樣子，以及我必須提供什麼。我想，這是西塞羅所說的那種測試反思期，只不過是應用在我自己身上。我需要先評估我的馬，然後再把牠們拴到戰車上。我需要弄清楚為什麼我沉迷於友誼以及該如何應對，這表示我必須回到一切的起源——我所結交的第一個朋友。

友誼錄音帶

莉比

八十歲的莉比・霍爾，曾任新聞攝影師，現在因身患絕症而只能待在家裡。

在我身患絕症且足不出戶的這個階段，與朋友的日常交流對我來說非常重要。

在有電子郵件之前的年代，我曾經因為一場誤會，和一位朋友大約二十年沒見。但令人難以置信的是，在我們重聚的五分鐘內，我感覺我們的互動就像往常一樣，除了最初的幾分鐘之外，沒有任何尷尬。

現在我們非常親近，我在情感上非常依賴他和他妻子的支持。我們已經忘記了過去的那場誤會。我們二十三歲或二十四歲就認識了——我們年齡一樣，現在都八十歲了——所以我認為，在一段非常牢固的友誼關係中，中間是可以有著很久、很長的空白，不會造成什麼重大影響。

我不害怕失去朋友。事實上，我以前在學生時期曾被霸凌過，所以有時候對於身邊的朋友會有點偏執，認為有些人不像表面看來地那麼喜歡我。因此就這個角度來說，我很害怕失去，不過，我不能因為哪天會死亡而害怕失去朋友，因為那必然會發生。雖說你原本並不會害怕，但事情真的發生還是會感到非常痛苦。

我現在身體沒有任何疼痛，但容易非常疲倦和呼吸困難，我們都不明白為何會持續這麼久，已經四年了，而一開始的預後是幾個月。去調整在你生命的最後階段想跟誰見面，感覺是件很奇怪的事。不過我發現很有趣的是，有一些朋友我非常喜歡他們，也很享受他們的陪伴，但這個階段我不想見到他們——他們可說是不適合臨終階段的朋友類型，因為跟他們往來實在累人，他們在情緒上索求太多。我以前能夠支持別人的時候，根本不介意這種事，現在不行了。

隨著時間的流逝，我變得越來越虛弱，想見的人越來越少，但對於真的想要見面的人，我絕對會堅持見到。這真的是「攸關生死」的大事，不僅是因為他們所提供的實際支持，對我來說更重要的是情感層面的協助。如果沒有這隻動物，我根本不想活了！（她指著蜷縮在腿上的愛犬皮普。）

需要隨時和別人在一起、不能獨處是不好的，這種情況下，通常也會基於錯誤的原因，跟錯誤的人來往。一段戀愛關係可以有多糟糕，友誼當然也可以發展到那種慘況。

我想強調的是，我真的認為是「愛」讓世界運轉。愛就是一切，愛是讓生活變得可以忍受的絕對必要條件，所以我認為友誼是最重要的事情。

我很清楚我的生活充滿了朋友和愛。我在想，如果回首過去發現自己過著幾乎沒有朋友的淒涼生活，會是什麼感覺？有些人幾乎沒有朋友，那太可怕了。我們是群居動物，單獨監禁是老天給人的最糟糕的懲罰，所以，是的，我就是認為友情是不可或缺的。

在撰寫本文時，莉比仍活著並且持續打破預後所提出的預期壽命。

02

交朋友

我們為什麼這樣做？

故事的起點是英國北薩里。我出生在艾普森，讀幼兒園時交了人生中的第一個朋友，當時四歲，這個年齡我開始有比較多的連貫記憶，這就是為什麼我對於結交新朋友印象相當鮮活。她是我在近親以外結交的第一個朋友，有一頭閃亮的棕色頭髮，頭髮在後腦勺紮成辮子，固定辮子的鬆緊帶末端還有閃亮的紅色小裝飾，就像糖果一樣。我被迷住了，我的頭髮太短，所以從來沒有紮過辮子，而且童年大部分都是這個髮型，因為媽媽堅持我短髮比較好看。

女孩完美的辮子在我年幼的眼中是時尚的縮影，我心想，我要跟這個人做朋友。她的名字叫艾蜜莉．卡特。

我幾乎不記得我們的友誼到底是怎麼建立起來的，我們的姓氏在幼兒園名單中相鄰肯定有影響，另一點則是她家離我家走路就能到，所以我們也因地利之便經常一起玩。我們的媽媽年齡相仿，她們也樂於參與任何能為孩子找到玩伴的活動，這樣就能享受幾個小時的喘息——有時候，友誼的橋梁只需要一點來自實用主義的協助，就能成功地搭起來。

我和艾蜜莉不算是很投緣，還記得在第一次對漂亮髮型的妒忌消退後，我發現她相當愛指使人而且有點缺乏幽默感。不過在那個年紀，我並沒有想要去尋找更適合的朋友，我覺得她也沒想過，我們只是接受了彼此年齡相同、興趣相同（頭髮）、住得很近、會頻繁碰面，以及我們的媽媽非常希望我們成為朋友。

關於人類為什麼熱衷於建立連結，學術文獻基本上非常著重「共同興趣」這個概念。在一九七〇年代，也就是我們兩個女孩在幼兒園相遇的幾年前，大量的研究論文試圖確立人際關係有哪些階段，以及是什麼讓我們被其他人吸引。為什麼突然學界的研究興趣放在如何找到靈魂伴侶？我懷疑這可能是因為一九六〇年代的風潮影響，那是鼓勵自由戀愛的年代，許多限制性的社會規範受到挑戰，甚至被推翻。人與人之間相互吸引的基礎突然變得更加令人興奮，值得以新的眼光來審視。

因此在一九七〇年，社會學家默斯坦（Bernard Murstein）提出人會透過一個三階段模型選擇戀愛伴侶。第一個階段是「刺激」，我們喜歡所看到的對方的身體特徵，就像我被艾蜜莉的頭髮吸引一樣；第二個階段是比較價值觀，看看彼此是否合適；第三個階段是分配角色，透過分配活動建立出良好的互動關係。

一九七三年，心理學家奧特曼和泰勒提出了具有五個不同階段的「社會滲透理論」。第一個是「摸索期」（閒聊），第二個階段是「情感試探期」（我們開始自我揭露並表達個人態度），然後逐漸進入「情感期」（開始談論私事）。然而在進入「穩定期」之前（親密關係趨於平穩，可以預想彼此的情緒反應），這段關係只會日漸走下坡。兩位作者將最後階段定義為「反滲透」，並認為這是「成本超過收益」的時刻，雙方將「停止自我揭露」。一九七六年，心理學家列文格仍熱衷於研究「階段」，甚至還創造出「階段理論」（Stage Theory），該理論假設伴侶會從最初的吸引力，轉換到「婚姻」這類的長期承諾。

值得注意的是，儘管這些研究結果多年來適用於純友誼，但重點都還是放在探討愛情的依附關係上。我們會注意到其中的遣詞用字有多相似，更甚者，儘管他們提出的是新理論，但用語本身卻顯得傳統。在大多數的研究中，「婚姻」被認為是一段成功關係的結果，而且最好是永遠持續下去。

你可能會發現另一個共同點——前述所有研究都是由男性進行。也許對於這群男性來說，他們的專業領域剛好就是傳統的戀愛關係。但我認為這也反映了當時社會學、心理學及其他領域的共識：親密的異性依附關係是唯一值得研究的，因為它具有繁衍後代的價值。從中延伸出的假設是，所有其他類型的人際關係都必定源於此。當然，事實並非如此。

對我來說，朋友明顯在家庭或戀愛關係之外，扮演著許多極其重要的作用，儘管後來的學術研究已經將友誼視為獨立的主題，但我不確定它的研究地位是否真的有所提升，因為要根除那些根深蒂固的傳統假設需要很長時間。

這種偏見也反映在我們的文化中。在我成長的過程中，放學後有無數的浪漫喜劇和肥皂劇可供觀賞，無盡的書籍、音樂、戲劇、繪畫和雕塑都致力於慶祝異性戀情。長久以來「友情」都被忽視，我記得第一次看到整部著墨於朋友關係的電視劇大概是一九九四年播出的《六人行》，當時我十五歲。即使如此，劇中很多關鍵情節仍然與尋找愛情伴侶有關，六個主要角色都曾彼此暗戀或約會交往：羅斯和瑞秋約會；莫妮卡和錢德勒在一起，兩人最終訂婚；菲比對喬依產生了感情，但他卻愛上了瑞秋，然後喬依和瑞秋最後有幾集變成一對。現在回想起來，劇中竟然沒有演這幾位女性互相愛上對方過，呃，也許這是重啟這部劇一個不錯的切入點？

我爸爸後來在北愛爾蘭的德里找到一份工作，於是在我五歲前的幾個月就舉家搬遷。我在隔著愛爾蘭海，離艾蜜莉千里之遠的地方開始上小學，而且這是網路興盛前的時代，我們自然斷了聯繫。我不記得對於那次分離自己有過悲傷感，我想我從來都沒有想念過艾蜜莉。我並不是冷酷無情或是自我中心，當時我只是個四歲的小女孩，我單純接受這是人生的一部分，我無法掌控它。

後來我再也沒有見過艾蜜莉，但她的父母還是寄了好幾年的聖誕問候卡。雖然艾蜜莉並沒有在我的生命裡留下太多影響，但有一件事以不同的方式延續下去：不知道基於什麼原因，我始終堅信繼續結交朋友有其必要性。這就如同二加二等於四、地球是圓的，世界就是這樣。我在進入小學就立即意識到自己因為不同的口音、不會背誦〈主禱文〉，因此在同學中變得格格不入，這讓我非常想成為某人的朋友——本能告訴我人多才有安全感。

在教室門口含淚告別媽媽後，第一天老師鼓勵我玩沙箱，拿起一個底部有方孔的紅色盤子，這是跟人一起玩的最好的玩具。很快我就明白了另一個深色捲髮的女孩也想一起玩，就把玩具給了她，她的名字叫蘇珊．馬歇爾，她成了我的第二個朋友，而且締結一段貫穿小學和之後也有往來的友誼。所以這一次，雖然交朋友的最初火花是基於共同的興趣（玩沙），但也是因為更深層的東西，一種不言而喻的「不想孤單」的渴望。

由於人類已經進化為群居生活，「孤單一人」可能是相當危險的，這一點也適用於現代的友誼關係。美國楊百翰大學二〇一〇年進行的一項研究發現，即使將年齡、性別、健康狀況和死因方面的差異列入考量，社會關係更牢固的人，其生存的可能性增加了百分之五十。簡言之：沒有朋友人就無法活下去。

話說回來，我把那個紅色塑膠的玩具交給蘇珊時，當然沒有意識到這一切，我交了一個朋友，因為這樣更安全，而且事實證明這樣確實更好，因為蘇珊很有趣，也很體貼，她是我認識的第一個擁有貝殼裝的人，喜歡偶像團體「街頭頑童」，也愛吃時髦的「費城奶油乳酪醬吐司」。我們會一起去保齡球館和電動遊戲場，在兩個人都拿到駕駛執照之後，我們最喜歡的晚間娛樂活動包括吃披薩，然後在當地電影院看電影。

蘇珊很酷，而我無疑不是，我是古板的英國人，不管是穿著品味或音樂喜好上都是如此。儘管我們存在著分歧，但我和蘇珊相處融洽，她從來沒有因為我不是什麼樣子而批判我，讓我更有信心做自己。我認為我們也有共同的幽默感，對我來說，這可能是任何成功友誼的最重要特點。

中學時，我就沒那麼幸運了。我在十歲的時候跳級一年，成為貝爾法斯特一所男女混校的每周寄宿生。如果說我的小學同學一直都在容忍我的不一樣，那中學就顯得殘酷多了。我受到排擠就是因為格格不入，首先我是同學裡面年齡最小的，而且也完全跟「酷」、「潮」沾不上邊。我還在抱泰迪熊睡覺，穿著打扮跟不上流行，頭髮還是給媽媽操刀的，我牙齒難看，又是吹小號這麼俗的樂器。我會撕下時尚雜誌中的模特兒圖片貼在牆上，因為她們很漂亮，而其他人貼的都是帥氣偶像歌手的照片。同學們毫不客氣地指出這些不同，還加以嘲笑諷刺，大家更時不時模仿我的口音來開玩笑，導致我變得越來越安靜，因為不說話會比較安全。

念到中學三年級的時候，我與另一個遭遇同樣命運的女孩成了朋友。雖然她是愛爾蘭本地人，但是擁有紅頭髮和雀斑，在我們學校就意味著你是邊緣賤民。我們都非常悲慘。

有一次午餐時間，我的後腦勺受到猛烈拍擊，然後聽到男孩們嘻嘻哈哈跑開的聲音。我摸了摸頭髮，有一團熱呼呼的口香糖「嵌」在頭髮上，我越想把它拔出來，它就黏得越緊。我去找學校護士求救，她試了半天，最後只能選擇把一大片頭髮連同沾黏的口香糖一起剪掉。下堂課我遲到了，在那天剩下的時間裡，一直被甜薄荷的噁心氣味包圍著。

這只是我所遭遇的一個案例，但從來沒有受到過身體上的攻擊，因此很多年以來，我一直認為這代表我沒有被霸凌，因為電視劇上演的不都是學校惡霸把受害者一拳打倒在地嗎？現在事後看來，我意識到霸凌可以有多種形式。成年後有次和一位喜劇演員聊天，他說自己暗地覺得大多數的單口喜劇演員以前在學校都曾被霸凌，後來發現講笑話是第一道防線，透過「幽默」變得受歡迎，這樣就不太容易成為目標。對我來說，被霸凌讓我下定決心在往後的人生中都要證明自己的價值，獲得成功、名揚四海、交到無數朋友，這些都成為我身分認同不可侵犯的標誌——也是證明那些霸凌者做錯了的一種方式。

這不是學校的錯，因為我從來沒有告訴任何人或採取任何行動。我只是認為「事情就這樣發生了」，自己要想辦法熬過考驗。我後來遇到許多可愛親切的人，他們也念過同一所學校，並且對它有更多正面的記憶，不過八〇年代末和到九〇年代初的北愛爾蘭人，對於「外地人」的態度是比較不寬容和不信任的，原因不難理解，這多半與過去受人入侵和征服的創傷有關。我們家搬到德里時當地正處於內戰之中，對於是否脫離英國爭戰不休。

我的同學們不一定知道反英情緒的歷史來龍去脈，但他們的世界觀在不知不覺中就這麼塑造出來了。我最近和一位治療師談論了我的童年，他說：「你不只是被當成外地人對待，而是被視為一個敵人。」我從來沒有想過這一點，這是全新的頓悟。難怪我覺得有必要結交朋友，結成同盟以確保安全；難怪成年後的我仍然經常覺得，自己做了什麼不對的事，是個犯下未定罪行的可恥之徒。

中學時期每次周末回家，我從來沒有完全放鬆過，因為我知道第二天就必須回學校。走進學校大門的那一刻，恐懼就會深深潛入我的身體裡，它會潛伏在整個周末裡，像影子一樣蹲在角落裡，盯著我們一家看電視、吃烤雞。時間分分秒秒地流逝，我感覺自己逐漸被那個恐懼學校的我給束縛住。

我的經歷絕對不是例外，在許多方面可說是一種幸運，但這種幸運並不能斷絕我的感受。很多人都能夠講述類似的故事，處於青春期邊緣的自己正在試著找出我們的認同，看看適合與否，我們經常感到困惑、恐懼和情緒失調。在中學裡，老師對我們的期望比小學時期更多，我們為了未來的人生選擇，開始參加一些重要的考試。我們與父母的距離越拉越開，這是我們邁向獨立必經的歷程，然而我們對自己的存在沒有足夠的控制權，因為我們還太年輕了。很多時候我們會感到氣惱和憤怒，因為沒有人理解自己。我們嘗試與同輩建立起連結，就像遠古時代的狩獵採集者祖先一樣，本能地意識到部落聯盟中存在一股安全和力量；當被我們的同輩驅逐時，這會令人恐懼並感到不安。

然而，學校也可以是一個熔爐，在這裡能夠建立起重要的友誼關係。我的朋友夏梅與她的母親關係不好，她在十六歲時離家出走，一年後與學校同學她們一家人同住一間合租公寓，後來夏梅搬去蘇活區的旅館，接下來變成露宿在廣場的垃圾箱後面。即便如此，每一天她都會去上學，同時在圖書館中找到了救贖——每一本書都是通往不同的想像生活的大門，如今她是英國最資深的黑人女性出版人。

我曾經問起夏梅童年的時光，對於當時結交朋友的原因，她是這麼說的：「我明白自己在家人之外可以透過不同的方式被愛著。我的家人對我沒有無條件的愛，但我的老友一直無條件地愛著我。」

我認為這是非常美妙的表達方式：有意識地交朋友可以成為除了家庭以外，了解自己的一種方式，而學校通常是我們可以做到這一點的第一個場所。這並不是說朋友成為了我們的家人，而是他們接納了我們不同於在近親面前所扮演的角色，在這樣做的過程中，他們讓我們變成以前可能沒有存在過的自己。

但因為我那時沒有朋友，又與家人分離，學校就只是一個令人寂寞的地方。我第三年讀到一半就突然告訴媽媽我想要離開學校，她不明白為什麼，我也無法解釋清楚。十二歲的我認為「沒有任何朋友」並不是充分的理由，只能籠統地說不喜歡那裡的氣氛，覺得自己無法融入。我非常堅持要轉學，我的成績急速退步，很多時候也處在生氣的情緒中。我意識到我必須離開這裡，否則就有可能付出完全失去自我的代價。

我的父母最後讓步了，在學期中帶我離開，我也獲得英國全日制寄宿學校的獎學金。我轉學過去之後被安排回到同年齡的班級，諷刺的是，因為我說的是英國口音，所以立刻就被大家接納了。我迅速找到同一年級中最受歡迎的女孩是誰，把與她交朋友當成首要目標，結果成功了。到了年底，我已有很多新朋友，不僅如此，這些朋友似乎也滿喜歡我的，他們都來自不同的國家，我認為這有所幫助，因為我不再被視為唯一的外地人。

不過，那種在貝爾法斯特中學沒有任何朋友的感覺還會伴隨我很長一段時間，這種嚴重的孤立感影響了我未來幾年對待友誼的方式。我下定決心永遠不要再體驗到這種感覺，所以我幾乎瘋狂地與別人交朋友，我遇到的每個人都是潛在的盟友，只要可以贏得他們的心，他們就會喜歡我，我就會很安全。我的邏輯是，我有越多朋友就越有安全感，尤其是當我的生活遭遇挫折時。這樣我永遠找得到人跟我聊天或者一起去電影院，永遠有人能讓我覺得自己有價值以及分享生活中的不愉快。

二十多歲的時候，我發現自己很擅長結交朋友，在我十幾歲形成的無歸屬感，讓我對於可能遭受排擠的人產生出本能的同理心，而與這些邊緣人打交道，讓我有能力參與不同類型的人的生活。我沉浸於「成功的人際連結」的光芒中，無論對象是在餐廳裡跟我撞衫的陌生人、抱怨老闆的同事，還是和男朋友吵架後馬上打電話給我的老朋友。

我覺得自己在友誼方面做得很成功，這成為我身分認同中不可或缺的一部分。我認為如果有人喜歡我，我就可以省去試著喜歡自己的麻煩。我拼湊他人對我的看法來替代自我價值，確保這些正面評價永遠不會消失對我來說異常重要，因為我的自尊全建立在此。我會花很多時間在這上面，不能承受這塊披風有任何裂痕或補丁掉落的風險，我瘋狂地要讓生活周遭的每個人都開心，就像遊樂場裡的遊戲機台一樣，一直餵給他們我的愛的代幣。

朋友有什麼要求，我都會盡力滿足，放棄晚上和周末的空閒時間也在所不惜；即使不是真的想做，我也會答應。事實上，這段時期我甚至不曾質疑過自己的渴望究竟為何，能被視為可靠的人、始終如一的人、可愛的人，才是我的第一優先。當時我沒有能力分辨哪些是自己真正想共度時間的人，哪些人是在索討我給不起的東西、可我不好意思拒絕。

我想知道有多少人也曾有過這種感覺，所以參考了二〇二〇年賽普勒斯的尼科西亞大學，針對一千三百一十六名受試者進行的友誼的研究。受試者會接受訪談說明自己對友情的看法，他們也需要完成一份調查問卷如「請針對可能引導你在過去或未來結交朋友的理由，盡可能列出所能想到的項目。」總的來說，理由包括「能找到人支持我」和「社交的需要」。雖然沒有人說自己交朋友是因為「心裡的自我批判要我當個好朋友」，但我想這原因應該不足為奇。然而，最常提到的理由是「與對方有共同興趣」。

又是共同興趣！我覺得這很有趣，因為個人經驗中只有一次是因為共同興趣而與人建立起友誼的。我大部分的長期友誼都是基於最初一股無形的「我們很相似」的興奮感，跟他們是否喜歡和我一樣的東西、有沒有相同的觀點或世界觀沒有關係。

尼科西亞大學的研究中，第二個最常見的原因是「這樣一來，我就不會感到孤獨」，考慮到我們對友情進化基礎的了解以及我自己在學校的經歷，這是非常有道理的。第三個原因是一個人的性格，也就是喜歡一個人本來的樣子，並希望與他們共度時光。

如果我問自己尼科西亞大學向受試者提出的問題：引導我過去或將來交朋友的原因是什麼呢？我認為，那壓倒性的衝動就是一股與他人產生連結的需求，我想以此作為孤單的解毒劑。儘管我過去想成為群體一分子的需求比較像是生物本能，如今的我更希望身邊的友伴是可以互相分享經驗，並讓這些經歷變得有意義。

這讓我想起二十六歲那年，擔任記者時曾獲頒新聞獎，獎勵包括一筆豐厚的旅遊獎金，我請了一個月假去南非、肯亞、坦尚尼亞和尚吉巴旅行，第一周有我當時的男朋友相伴，但那之後就只能靠自己了，我的其他朋友都買不起機票，也沒辦法請那麼多假一起來玩。我獨自欣賞了石頭城的清真寺、吉力馬扎羅山的山麓，和東非大裂谷的迷霧。在坦尚尼亞的恩戈羅恩戈羅保護區，風景令人難忘，茂密的綠色樹木就像迷你花椰菜，委身於紅棕色連綿一片的廣袤大地，我看到犀牛、獅子和牛羚，瘋狂地拍照，接下來我就沒事可做，也沒有人可以分享心中的興奮之情。

每天晚上我會強迫自己出去吃頓單人晚餐，還會帶上一本書來避免不必要的注意。沒有人可以跟我談論看到的景色感覺很奇怪，沒有人和我目睹同樣的景物，沒有人一起笑或感到興奮，而且在未來的幾年裡，也沒有人能一起回憶起這次特定的旅行；沒有人能和我一起坐在沙發上喝酒，然後說：「你還記得那次去非洲的某某時候嗎？」這感覺有如一種損失，好像體驗本身已經被削弱了。

這樣說來，也許我交朋友的真正原因一直是希望有人可以一起陪我過生活，可以一起分享、挑戰和加深我對生活的理解。我們交朋友不光是因為彼此有相同的愛好、住得很近、為了建立自我價值的需求，或是進行大狩獵時人多可確保安全，也是因為我們渴望有人理解我們正在做的事情以及我們的感受、想法和所見之物。我交朋友是不想孤單一個人，這大概就是為什麼在我生命中感到最孤獨的時刻之一，遇到了一個對我來說就像姐姐一樣的女人。

她的名字叫瓊安，她會教我如何設下人與人之間的界線和自尊的重要性。我們認識的時候她五十多歲，而我三十多歲，那時我的友情關係已經瀕臨失控。我積累了太多朋友，需要有人告訴我如何調整平衡，比我大二十多歲的瓊安教會了我。我很有興趣問問她對友誼的看法，不只包括我們第一次見面的時候，也包含歷經多年的相處智慧後，如今這段讓我們感到愉悅的友誼。我決定她是我的第一個友誼訪談對象，不過在此之前，先讓我娓娓道來我和瓊安的人生道路是如何交會的。

友誼錄音帶

寶拉

寶拉・阿克潘，三十歲，歷史學家、自由撰稿人和 Black Queer Travel Guide 網站的負責人。

我認為友誼沒有目的性，也許這就是它如此美麗的原因。如果你帶有目的地建立任何一種關係，可能就會破壞現在建立起的連結。對我來說，友誼的目的就是沒有目的。不應該試圖透過這種關係達到任何政治宣傳或目的。我認為友誼提供了很大的空間，有很多種不同的形式。

我的很多好友都是黑人女性，因為我們在對方身上照見到自己，我們理解對方的深度是和白人朋友來往時無法達到的。每次我想到那些關係是多麼美好——並不是因為她們的黑人身分，而是那股黑人之間的連結——我就不懂自己為什麼要勉強接受那些認為我的付出是理所當然，或讓我覺得他們不尊重我的人。

我認為，對於我那些不是黑人、性少數和女性的朋友來說，為了讓他們可以提供我所需要的支持，我必須在他們身上下很多工夫。這對我那些「神經多樣性」

（譯註：neurodiversity，用於描述有特殊神經發展的族群，如自閉特質、過動及注意力不足、妥瑞氏症等，目的在於去汙名化）的朋友來說也是一樣的，比方說我作為一個「神經典型」的人，必須確保自己能盡可能提供他們支持，並且承認這方面的差異，以及承認這種差異如何形塑出我們彼此不同的人生。

所以我認為這是可能的，你只需要努力。你必須承認你的立場，以及你的立場如何影響對方和他們的朋友，以及你們之間的友誼。我想這至關重要。

友情不像婚姻，是不會被政府以任何官方形式認可為一個人必須做的事，所以你可以選擇如何珍惜一段友情，你為友誼所做的一切都是很純粹的選擇。

上半年我有幾個月非常沮喪，我最好的朋友之一因此前來拜訪我，並同住了一個星期。這件事有多面向可以說，這都是出於純粹的愛。最開始是我的另一半建議她來我家住一陣子，我認為這是我另一半在說：「你需要我，但也需要你最好的朋友。」我的伴侶很無私，因為我認為有很多人在知道可能有別人也能關愛和支持自己的另一半時，會倍感威脅。我伴侶她知道友誼也是一種愛，有她們兩個的陪伴正是我當時最需要的。我的最好的朋友，千里迢迢來我家待了一個星期，她睡在沙發上，照顧我、與我談心，所有這一切都是她自己所做出的選擇，她沒有義務以這種方式幫助我。

正是這種不是基於任何過往責任所做出的選擇，讓友誼變得非常美好，因為你會一次又一次地將時間和精力投入在這種關係上。

03

瓊安

忘年之交

我去過拉斯維加斯兩次，第一次是二十多歲時和艾瑪前去拜訪在史丹佛大學讀書的朋友。他邀請我們一起住在校區裡，距舊金山僅四十分鐘的車程，加州陽光灑落滿地，帶著無限誘惑。結果，艾瑪和我在一場反常的雷雨中抵達。潮濕陰沉的天氣持續了好幾天，遇到的每個美國人都會說：「這很奇怪，每年的這個時候通常不會下雨。」

我和艾瑪本來期待可以在泳池邊曬日光浴，邊喝瓶裝啤酒，現在陷入了沮喪的深淵，所以我們的朋友做出決定——我們應該去拉斯維加斯。「它在沙漠中央，」他說：「那裡從不下雨。」

我們搭上飛往內華達州的航班，周圍都是醉醺醺的男人大喊：「兄弟，在賭城發生的事情就留在賭城。」這並不是最符合我們理想的度假行程，但至少那裡保證陽光普照，對吧？沒想到降落前不久，機長透過對講機進行廣播：「各位乘客好，跟大家報告天氣的最新消息，今晚拉斯維加斯將迎來二十年以來的第一場大雨。」

接下來的周末我們都在傾盆大雨、吃角子老虎機的叮咚聲和二十四小時營業的牛排餐廳中度過。我依稀記得在一家裝有空調的賭場夜總會裡，和一名英俊的年輕人跳舞，並且驚訝地發現其中一家飯店在巨大的天花板上繪製了令人折服、賞心悅目的天空彩繪，這樣你就覺得沒有必要外出。除此之外，我對這座城市並沒有太多的好感。

我認為自己不會想再到拉斯維加斯，但後來有一個意想不到的機會出現。二○一四年，我被邀請加入「英美計畫」——一個由有趣的人所組成的跨大西洋兩岸聯誼會，他們每年舉行一次為期四天的聚會，以建立人脈並培養所謂的「特殊關係」，這聽起來令人困惑，事實也的確如此。參與英美計畫的人沒有人真正了解它是在做什麼，或是背後由誰資助。不過，我通過甄選之後就獲得一趟免費的拉斯維加斯之旅，所以就算背後是中央情報局我也不在乎。

儘管我二十多歲時討厭這座城市，但這次再訪正值個人生活很艱難的時刻。二○一四年的上半年和下半年，我歷經兩次艱辛的人工生殖療程，結果都沒有成功，然後出乎意料之外，我自然懷孕了，只是在第三個月失去了孩子。這讓我麻木、悲傷和疲倦，婚姻也危在旦夕，所以有機會可以和一群陌生人飛往拉斯維加斯，似乎是不錯的主意。

這一次，陽光如廣告中所說的那樣燦爛。獲選人員被安排入住一間很大的飯店。我的社交焦慮幾乎是在飛機起飛那一刻就立即感受到，但由於很習慣要在群體中追求安全的應對機制，我很快就交到了朋友。我最喜歡的是菲比、當肯和亞當，這三位英國人似乎也覺得整件事有點荒謬（如果我們有共同的興趣，那就是不要把事情想得太認真）。

在拉斯維加斯的第三個晚上有場化妝舞會，我開始喝伏特加通寧，舞會匆匆結束，然後有人宣佈要展開慈善拍賣會，所有的拍賣品都是由之前的與會者捐贈的。到了這時候，我喝了（保守估計）大約七十八杯伏特加通寧，因為那天剛好也是我的生日，當肯一直去酒吧幫我點酒。

「現在我們要迎來今晚最後一批拍賣品。」拍賣師透過劈啪作響的音響系統說道：「接下來，是『在洛杉磯小住一周』，由計畫成員瓊安．哈里森捐贈。」

我只有以記者的身分去洛杉磯工作過，在短暫的城市巡禮體驗裡，我一直很喜歡這座城市。但這項「拍賣品」公佈之前，我從未想過洛杉磯是個度假勝地，不過由於這一年發生的事情讓我倍受衝擊，只要一想到要回家，我就感到說不出來的悲傷。坦白說，我也有點醉了，發現自己加入了競標，不知為何一直舉起手臂，直到有人告訴我，我將以七百美元得標。

「我做了什麼？」拍賣師敲響木槌時我問當肯。

「做了一筆不錯的投資。」他向我保證：「對於在洛杉磯住七晚來說，這真的很划算。」

「是的，」我擦掉最後一點酒渣，口齒不清地說：「我相信你是對的。」

我拿出信用卡刷下去，然後到了整個聯誼會結束，才開始擔心我的錢要從哪裡來。回到英國後我沒有馬上就訂好去洛杉磯的行程，還有其他事情要先處理，我和我先生在聖誕節期間大吵一架，因為他不懂我對流產一事有多難過，而我不懂為什麼他會無法理解。幾個星期過去了，什麼都沒有改變。到了二月，我做出了「離開」這個艱難決定，而且只帶走兩袋衣物。

我的前夫真是令我不敢相信，他不停施加壓力叫我回家，我內心某個扭曲的部分仍然愛著他，所以我很難說服自己這樣做是對的。身為一個長期以來不相信自己判斷的人，我過去可是不惜一切代價避免衝突，因此這次的行為無疑是顯著的行為轉變。這對我來說很不尋常，我很困惑，感到筋疲力盡，不太確定下一步該做什麼。不容忽視的直覺在推動我前進，這和當年知道需要轉學時的感受是一樣的，所以我要麼就留下來然後失去自我，要麼就是離開好拯救自己。

這時我想起了洛杉磯之旅的事，他們有提供捐贈者的聯繫方式，所以我立刻發了一封電子郵件給她：「親愛的瓊安，很抱歉這麼久才聯繫上……」

她幾乎立刻就回覆了，她的回信很熱情，但光是這樣敘述不足以完整表達。那封回信如此體貼周到，讓我忍不住讀了好幾遍。她不只說我任何時間過去都很方便，而且等我一抵達洛杉磯，她和先生麥克想辦個小接風宴，這樣我就可以順便見見他們的朋友，還有她到時候是否有榮幸可以請我去美髮沙龍和共享早午餐？

這些都能幫我遠離婚姻支離破碎的殘骸，當然求之不得！我第二天就買機票，接著便拖著行李箱出現在瓊安和麥克家門口，但實際上我背負更多的是情緒重擔。他們歡迎我進去，還倒了一杯紅酒，這就是我最重要的友誼的開端。

第一次見面時，對瓊安最深刻的印象是她的泰然自若，對於我這種常搞不懂社會又不認識自己的人來說，這項特質馬上就令我感到大為欽佩。瓊安似乎很了解自己和她對生活的看法，我幾乎立刻就希望能變得更像她。她比我矮，有著芭蕾舞伶般的儀態和風采，時時保持優雅和強健，她說出口的話是經過深思熟慮的，她會提出問題並認真聆聽我的回答。後來我發現她也是個很有趣的人，罵髒話的時候總是帶著一股令人略感震撼的力量。

這一周裡我們變得很親密，但不是我過去習慣的那種狂熱、迅速的親近感。我不覺得和她交朋友是為了避免審視自己，恰恰相反，我覺得成為她的朋友會幫助我了解自己是什麼樣的女人。我向她吐露了對於自己不能當母親的恐懼，她帶我去吃早午餐，吃炒蛋時她看著我的眼睛說：「但是伊莉莎白，如果你想成為母親，你就會成為母親，有很多方式可以做到。」

她解釋了好萊塢有不少四、五十歲的名人會透過捐卵和代理孕母生孩子，還有洛杉磯如何走在生育醫學的尖端，以及不久前她和麥克如何嘗試生孩子，但沒有成功。在某個時刻，停止嘗試是正確的，她欣然接受這個決定。她不想要再嘗試了，因為現在夫妻倆擁有完美且完整的生活，有成功的事業和舒適的家。

瓊安為我提供了充滿希望的不同生活願景，你可以寫下自己的故事，而不是克盡職責地活出他人對於女性的傳統期待。有鑑於她大我二十歲，這些建言對我很有幫助。我發現能與一位有著類似經歷的女性交朋友，而且願意向我傳授她不帶評判的人生智慧，給予我很大的安慰。

瓊安讓我對自己的優柔寡斷感覺好多了。之前腦袋裡糾纏著各種矛盾的衝動，到底是要回到相對安全的婚姻關係，繼續過著熟悉的不幸生活，或是冒更大的風險去賭自己可以獲得不同的發展，我夾在兩者間進退兩難。剛開始聽到這樣的苦惱，瓊安的反應很平靜，沒有打聽更多細節，但在後續的談話過程中，我慢慢告訴她更多事情。我表達不清楚的地方，她卻很清楚我的意思，她認為我不應該回到前夫身邊，我絕對值得更好的未來。

後來，我曾問她對我們見面的第一印象是什麼。她一開始先提到麥克在那個黑暗的三月晚上打開門，看見我站在門外，但更清晰的回憶是幾天後，我們兩個一起坐在後院的熱水浴缸裡，邊喝雞尾酒，邊分享彼此的人生故事。

瓊安：我想那是我們最有突破性的對話，你那時分享了對離婚和流產的傷心難過，我真的感受到你心中極大的痛苦，到現在也還是歷歷在目。對我來說，如果你想要建立一個家庭，你就會有一個家庭，這是很清楚的事。儘管過程很痛苦，但這是通往你值得擁有的事物的通道。那次對話我一直記得很清楚，因為通常需要數年的交情才能建立起那種坦誠，但對你來說，這麼做很容易。

我們的友誼就是從那裡延續下去的。你在明明跟我不熟的情況下，把機會給了我，這對我來說意義重大。就像任何好朋友一樣，我只是想讓你感覺好過一點，為你點燃希望，不過同時也肩負起重擔，幫忙承擔你的痛苦，我想這就是我想說的。

那次對話中瓊安也分享了她的生活。她從小在貧窮又失能的家庭中長大，在六個小孩中排行老三，一家人住在藍領小鎮，由患有躁鬱症的母親撫養長大。瓊安與兄弟姐妹的關係很惡劣，他們讓她覺得自己好像是世界上「最弱小又愚蠢的孩子」，等她離家出來看看這個世界，才理解到「我們家裡那些說法跟事實差得遠了」。對瓊安來說，友誼有助於調整那些從小到大被灌輸的錯誤觀念，能更準確地反映出她真實的那一面。

瓊安：如果你是家裡唯一那個感情豐沛的人，就會想建立屬於自己的社群來填補家人無法填補的空缺，也就是滿足你的情感需求。我想那是友誼的主要構成要素，我們特別能在吸引外來人口的大城市中看到這一點。洛杉磯又被稱為重塑之城，它不是會輕易定義一個人的地方，很少有人問你：「你讀哪裡？」我的意思是，這裡的人不在乎，所以這是一個大家可以盡情創造想要的故事和家庭的地方。

伊莉莎白：對你來說，友誼的目的是填補家庭失能所留下的空白嗎？

瓊安：我認為這是其中很大的一部分，而且，我認為這對每個人來說都是友誼部分的意義。家家都有本難唸的經，無論是壓抑或專橫的父母，或者像是我的例子，母親是躁鬱症病患，我也跟兄弟姐妹處不來。我和唯一的妹妹最後決裂了，對我來說，用其他關係來填補這股空虛感是至關重要的，所以我就這麼做了。但即使你有幸福的家庭，友誼也會為生活增添不同的層次。

我在洛杉磯與瓊安共度的那一周，讓我重新認同自己是不受婚姻支配、迫切需要被人喜愛的女性。在那歡迎自我探索的城市裡，瓊安教會我還有其他道路可以選擇，我並不會被過去的困境所侷限。反之，擺在我眼前的是無限的可能性，只要我肯做出選擇的話。

幾個星期後，我就向報社的編輯提議想要成為駐洛杉磯的專欄作家，他也同意了。我搬去那裡住了三個月，這段期間經常和瓊安碰面，從此以後，每次我只要回洛杉磯都會去見她。和瓊安聊天就像有個定期的情緒檢查一樣，我們親密到讓我開始稱她為「親如姐妹的摯友」。

我們的友誼走過二十個年頭，我從她那裡學到很多，因為年齡不同就會從不一樣的出發點來看待事物。她開啟我的智慧，以及提供如何成就更好的自己的範本；我則支持她大方分享自己的情緒（這正是她童年欠缺的），也持續不斷地推薦她新書。我跟瓊安談論到忘年之交，她也有著類似的看法。

伊莉莎白：那次在後院泡熱水浴的對話我也覺得歷歷在目，因為那是一次於我有深遠影響的談話，「原來世界上還有不同的生活方式」，感覺就像你給了我希望。

瓊安：你其實也對我造成同樣的影響，因為重溫我是否要建立家庭的痛苦經歷是很療癒和令人寬慰的，所以友情的互惠性總是存在。永遠不會只是單方面地給予或接受，如果友誼中沒有互惠性，那就不是真正的友誼。

我經歷了多年的痛苦和失望。痛苦和失望會加深我們的同理心和理解，對此我一點都不後悔。現在我能做的事就是回饋給正為性別平權奮鬥的年輕姐妹們。我從她們那裡得到了很多回報，我得到樂觀和脆弱，脆弱可是我年輕時永遠不會表現出來的。她們很坦率，會談論自己的沮喪和崩潰、糟糕的性經歷，她們會談論任何事情，我喜歡這樣。我從中也得到了很多，從那種開放的態度得到很多。我從比自己年輕的朋友那裡獲得如此多的快樂和人生智慧。

我也從年長的朋友那裡獲得很多收穫。我有個親愛的朋友名叫麥斯，他已經九十二歲了，每當我對於全球情勢和我們國家發生的事深感困擾，都會打電話給他。他曾經是一名頂尖記者，還逃過了納粹的猶太大屠殺……我的意思是，他有豐富的人生閱歷，簡單說，他什麼大風大浪沒見過！我在川普當選那天早上打電話給他，在這些歷史的重大樞紐，我總是會尋求麥斯的忠告，他給了我極大的安慰。因此，同時擁有年長和年輕的朋友是大大加分，在各方面都會有所收穫。

我喜歡「歷史的重大樞紐」這個說法，而且越想越覺得它也適用於友誼上。我和瓊安的連結本身就是不同人生階段之間的樞紐，就像所有的樞紐一樣，這股連結給了我們活力和安全感，使得這兩個獨立的元素放在一起時比各自單獨存在時更強大。

伊莉莎白：你會害怕朋友過世嗎？

瓊安：我已經有朋友過世了。我第一次失去的是一位四十出頭的好朋友，後來又失去了一位交情深厚的女性朋友，這真的很通苦，她是罹患早發性失智症。還有另一位女性朋友，是個很優秀的人，但在五十出頭就去世了。對我來說最重要的是，將這些朋友的離世當成努力活出我最好人生的機會，這麼做是為了紀念他們。我無時無刻不在想著她們，有時會呼喚她們的名字，尤其是我在做她們應該也會喜歡的活動時。

我先生比我年長，所以我們談論過死亡這件事。他承諾，如果我先走一步，他一定會繼續過著豐富充實的生活，我希望他能再次找到值得相守的愛情，他希望我也一樣。這會令我感到害怕嗎？其實沒有。奇怪的是，因為我相信朋友們會幫助我度過那段時期，我會尋求他們的幫助，他們也會為我伸出援手，我會沒事的。我很肯定自己到時不需要再婚，但我確實需要在生活中擁有親密感——心理上的親密感。

瓊安的觀點一次又一次地讓我找到了自己的視角，而當我無法將這些觀點應用於自身的友誼或婚姻時，她也教會我設立恰當的界線有多重要。她向我保證這是她以歲月換來的能力，而非與生俱來的天賦，所以我還有機會能夠成長。觀察她如何以精明的禮貌處理社交問題，也對我很有幫助。

我們剛認識的時候，那些容易讓我陷入討好別人的社交情境，瓊安卻總是能夠清楚地說出她需要什麼、願意為對方做什麼，以及什麼情況她不會投入太多。能夠這般應對進退，部分原因可能在於，她多年來在好萊塢擔任一位成功的電視台高階主管。這份工作是整個娛樂產業最高層，她需要一直拍拍別人和透過閒聊告訴對方他們有多麼棒，同時每天還要面對那些上門尋求拍攝機會的編劇、咄咄逼人的經紀人，或急需角色的演員。簡而言之，她習慣於處理自戀者的要求。由於她母親的行為常常不可預測，這讓她變成了很重視一致性和誠實的人。瓊安不是我在洛杉磯唯一的朋友，但她如何結交朋友的態度對我影響很大。

幾年前我再次借住瓊安家的客房時，收到一位倫敦認識的人傳給我的臉書私訊，她看到我人在洛杉磯的動態，寫道：「我也是耶！我們見個面吧。」這名女子我其實只透過同事見過幾次，是一位公關人員，為她負責的各種美妝品牌爭取報紙曝光。我覺得這才是她約我出來的目的，為此我大嘆一口氣。

「怎麼了，親愛的？」瓊安問。我解釋說有個自己不是很想見的人約我出去，所以不得不赴約，因為我必須對她友善，做正確的事。

瓊安放下手中的咖啡杯，看著我。她沒有問為什麼我覺得需要去配合一個幾乎不認識的人，也沒有認為我的問題無關緊要，她很清楚對我而言，讓這個女人失望是件痛苦的事。

「你只要說，『很高興收到你的來信。我才剛到，還在習慣新環境，等安頓好了我會再跟你說。』」

對於我的困境，這是一個神奇而優雅的解決方案。首先，這是真話，我不必使用善意的謊言來逃避不必要的社會義務。第二，它讓我有機會可以重新跟對方聯絡，第三，我不會因此冒犯對方。我已經設定了界線，但手法又不會太失禮。

對於那些不了解「被人討厭是種致命恐懼」的人來說，這只是微不足道的交流，對我而言卻是天大的事。瓊安允許我說不，不僅如此，還提供我要如何表達的說法。以這種方式說「不」讓我感覺更好，我也不會因為拒絕對方而沉浸在罪惡感中好幾個小時，或者拖到最後一刻才決定要取消見面。

所以我一步一步且肯定地，開始建立友誼該有的架構。看著瓊安，我看到一個對自我感到滿足、充滿活力的女人，同時擁有完整的朋友圈。顯然，她直截了當的溝通技巧並沒有對她造成傷害，事實甚至恰恰相反，有能力說「不」，代表她在說「是」的時候，朋友們會知道她是認真的。她積極地選擇這樣的友誼，而為了把自己的一切都獻給這些關係，她也必然要做出選擇。

伊莉莎白：你曾經結束過友誼嗎？

瓊安：有，通常是這些人開始慣性否認他們的自我挫敗行為，又或者是決定擺爛下去的時候……事實上，我發現自己幾乎已經不再跟最年長的四位女性朋友說話了。每個人都有不同的理由和我斷聯，但我意識到共同點是我不能再忍受她們編造的謊言。

瓊安最有意義的關係存在於家族血緣關係之外，所以自然而然地無法接受朋友的不誠實。對於她來說，如果朋友不能將內心的真實自我投射出來，那麼在這段關係中她不會再有安全感。她必須透過相信他們的誠實一致，才能藉此相信自己真正的模樣。有趣的是，有鑑於她的身分認同很大程度上依賴這種誠實，所以每每想要和朋友分道揚鑣，她都很害怕說出事實。

瓊安：「你的生活是建立在一系列的錯誤認知上。」這種話很難對人開口。所以很多女性會選擇突然人間蒸發，或者改變行為好讓這段關係難以維持。和別人分手場面通常不會太好看，我自己也不是什麼好例子，這是肯定的。老實說，我現在就有一段變得很脆弱的友誼，在破裂的邊緣搖搖欲墜，我認為當這刻來臨時——我認為這是不可避免的，我想這一次我會明說並坦誠相對。

伊莉莎白：當我們不告而別時，該感到內疚嗎？

瓊安：是也不是，我會感到內疚。如果我當初把事情說得更明確一些，我可能會沒那麼內疚，但大家都不想傷害任何人……我曾偶然遇到一位不再見面的老朋友，她對我很冷淡，這我能理解——我傷害了她，當然會內疚。

然而，對瓊安來說，只因為自己會內疚並不代表這段友誼值得重啟，不告而別是她在這種情況下，所能做的最誠實的一件事。她的確原本可以當面告訴對方問題出在哪裡，但這麼做太殘忍了，瓊安仍然想盡可能表現出同情心。

人可以在感到內疚的同時，又不受其影響嗎？會不會有時候，結束一段難熬友誼的最簡單（或最友善）的方式，真的是默默從彼此的生活中消失？一段痛苦的回憶逐漸浮現在腦海的一角。我不想寫出來，但如果我想要審視友情的多元面向，我知道自己必須寫出來。

友誼錄音帶

凱拉

凱拉·哈里斯，三十七歲，電影製作人、作家和倡議人士。

我出事的時候才十五歲。我在一次校外教學中出了意外，直接被送進康復中心。（凱拉現在是四肢癱瘓並且需要全天候照顧。）這件事對我的交友方式造成天翻地覆的改變，當然我的整個人生都天翻地覆，但我的友誼經驗則是有非常鮮明的對比——出事之後我百分之九十的舊朋友都離開了。

理由有很多，身障歧視明顯是最首要的原因。事故發生之前我是四人小團體中的一員，我們非常親密，讓我覺得終於找到了可以相互支持的女生小圈圈。我開始學習獨立、了解我是誰、知道自己喜歡談論什麼話題等等。

出事之後，四人組中我最好的朋友之一多年來不再和我說話。我們後來都去爭取學生會主席，但她沒有通過下一輪的競選，而我做到了。我記得看到她在一間教室裡哭，我對她說：「聽著，我知道我們已經有好幾年沒有說話了，但我還是會在這裡等你，我仍然愛你，希望你一切順利。如果你想談談我們經歷過的事情，這幾年發生在你身上的事情，我就在這裡等你。」她從來沒有接受過我，她現在結婚也有孩子了，我常在想：「你是不是也把這種恐懼傳給了你的孩子？」

出事的那個時期，我住的地方離朋友們住的地方有五個小時的路程，去拜訪他們我都坐渡輪，來回一趟很貴。在第一個半月裡，學校上上下下的師生都很支持我，每個人都向我在學校工作的媽媽哭著表達同情，我爸爸會在部落格上記錄整個醫療、復健過程等，然後一切就停止了。八個月之後，我離開康復中心開始回到家裡生活，我回到學校，沒有人跟我說話，我是一個完全被遺棄的人、完全的局外人，之前他們說的一切都像是客套話而已。

我能想到最接近的情況是，喪禮的時候大家紛紛湧上前表達安慰之情，但他們兩個月後就忘得一乾二淨，而這時你才剛剛開始理解、消化這股哀痛。幾個月前還感覺大家都是我的啦啦隊，他們對我的遭遇很感同身受，然後當我真的重新回到校園裡，卻變成「忽視她，這件事沒有發生，我不知道如何面對，也不在乎我是否該面對」。

我有一個朋友（四人組中她是我最好的朋友），她會在聚會上背我上樓，帶我去廁所。她成了我絕對的靠山，是唯一和我保持朋友關係的人。

我想他們認識的那個凱拉，已經死了。我重返校園，卻變成學校裡的幽靈，在走廊裡飄來盪去。直到與殘障人士建立起朋友關係，他們的友誼才讓我真正立足於當下，讓我覺得自己又活了過來，而不是被孤立地活著。

我到現在還在擺脫已經內化許久的「健全主義」（譯註：ableism，一種歧視身心障礙者的心理狀態），因為我們根本沒有意識到它有多根深蒂固。

我的身心障礙就像一個隱形的保鑣。很多人會因為我的身心障礙而不願跟我說話，也不願意主動交談或建立友誼。對我來說，他們顯然不是我想要共度時光的對象。我所尋求的朋友特質是要有同理心、樂趣、幽默感、彈性思考，因為對我來說，想要真正以朋友的身分與我交往，先決條件是你必須願意寬諒殘障人士需要更多額外的時間（crip time）赴約。[1]

1 根據 accessibility.com 的說法，crip time「被一些身心障礙理論家和倡導者用來描述身心障礙者與時間的獨特關係」。crip time 反應出在無障礙空間的世界裡，身心障礙者體驗到障礙經驗的複雜性，該術語表示對於一個人執行各種任務應需要額外的時間和調整時間的必要性。crip time 也指出其與規範時間（即日常生活中看似正常的時間分配或分割）的衝突。

04

人間蒸發

當朋友失蹤時

從洛杉磯回到倫敦大約一年後，有天晚上我從地鐵走回家，發現有位曾經的好閨密在街上看到我卻視而不見。當時我在等紅綠燈，想著待會要去買什麼來吃，看見貝卡從馬路的另一邊朝我的方向走來。她穿著招牌的皮夾克、白色小背心、破洞牛仔褲和馬汀大夫靴。她把瀏海染成亮粉色，這讓我一陣難過，因為不知道她為什麼想變換髮色，這是我們會談論的事情，但那是以前了。

我們有一段時間沒見面，我不確定為什麼，但貝卡開始無視我的簡訊和電子郵件。起初，每次我建議見面喝咖啡聊聊時，她會用一些不置可否的話語回覆我，傳給她的生日快樂簡訊也只收到很簡短的回覆，這很奇怪，一點也不像她，不像過去的我們。我想也許她需要空間，貝卡總是有種神祕、遙不可及的特質，這也代表她要是願意把注意力花在你身上，你會覺得自己很特別。一旦她收回關注，就彷彿換了個季節，你一身單薄地任由凜冽秋風吹襲。我告訴自己沒什麼好擔心的，貝卡只是需要一些時間，我不想拚命纏著她，惹她厭煩，然後更奇怪的事情發生了：貝卡完全停止回覆訊息。

那天在街上看到她讓我異常緊張，隨著我們逐漸走近，我告訴自己，貝卡是我最親愛的朋友之一，沒有必要焦慮，我們會打個招呼，過去幾個月以來那股一直在惡化的陌生感就會消失，我們擁抱和聊天之後，我就會感覺好多了。我十之八九是想太多，擅自揣測沒有的事，這一直都是我的壞習慣嘛！

我們站在馬路的兩邊，我很清楚地看到她轉過頭來打量我，她歪了歪頭，閃過一絲認出我的神情，但她沒有朝我微笑。我發現自己已經反射性地舉起手準備打招呼，此時感到一陣尷尬，趕緊把手臂放下，而貝卡只是繼續往前走。我很震驚，甚至笑了出來。她的視若無睹是如此赤裸裸地蓄意為之，我不知道該如何反應。那些我們曾經共享的友誼回憶，如今取而代之的是一種鋪天蓋地的恥辱感，我感到備受羞辱，我的內在邏輯判斷我一定犯了可怕的錯誤，才會讓她變成這樣。

我從來沒有從貝卡那裡得到答案，因為在街上對我視若無睹是她澈底人間蒸發的起點，我從此不會再直接聽到她的消息，不會再接到電話、電子郵件、訊息或一起去喝咖啡，不再會晚上一起出去喝酒狂歡，不再有天南地北的促膝長談，也不會再有貝卡八歲的女兒主動給我穿搭建議。

有天我穿著黃色針織毛衣跟她見面，她的女兒告訴我：「伊莉莎白，那件上衣好醜。」貝卡在一旁笑了，雖然我想無視這孩子的評論——誰會接受一個八歲、穿著Hello Kitty連身衣的孩子的穿衣指導？但我後來就不再穿那件套頭衫了。

最後我把那件毛衣捐給義賣商店，同時也終於承認我和貝卡的友誼已經結束了，就像那件套頭衫一樣，我再也不會感受到它令人安慰的溫暖。更糟糕的是，我永遠不會知道她的理由是什麼，只能接受這個事實。有時一段友誼結束了，你得到的唯一解釋就只有一片沉默。

⊙ ⊙ ⊙

我第一次見到貝卡是在飛輪課上。我二十幾歲的時候都盡量避免運動，擔心會受傷，周末為了追劇也經常拒絕與朋友外出散散步。我之所以不喜歡運動是因為對學校體育課有不好的記憶，我們被迫在太短的裙子下穿著很不舒服的栗色短褲，並在寒冷的冬天戶外打棒球；夏天我經常為了蹺游泳課而聲稱來月經，老師們一定很擔心我生理期的頻率。簡而言之，我認為自己不擅長運動，隨著年齡的增長，這種信念也逐漸擴及到所有類型的運動。

到了三十多歲情況發生了變化，部分原因是我正在接受人工生殖療程，我希望身體盡可能變健康，才能獲得成功受孕的機會，但另一部分也是因為我需要重新找回跟自己身體的連結——一個反覆接受注射、掃描、刺激、探查和檢查的身體，一個試圖生孩子但總是功虧一簣的身體。我的身體已感覺與我自己的慾望失去連結了，我開始渴望完整，想好好地安住在自己的身體裡，想再次接納自己的身體。

我有一股必須讓自己變得強大的衝動，厭倦了被自行注射的荷爾蒙不停波濤洶湧地衝擊。我必須有足夠的忍耐力和承受力去應付接下來發生的任何事。我需要向自己證明，只要付出努力，我的身體會以它應有的方式做出回應。有朋友建議我嘗試飛輪課，她向我解釋飛輪是夜店和宗教體驗的結合：「基本上，前面會有一位健身教練不斷說你很棒，教室裡會大聲播放音樂，而且燈光很暗，不必擔心有人看到你一臉狼狽的樣子。」

我被說服了，飛輪課甚至很快變成某種癮頭。每當試管嬰兒療程又失敗，或是與先生發生爭執，我都會在飛輪腳踏車上發洩出來。等教練在課程結束時把毛巾甩在他們的頭上時，我會一邊流汗，一邊高興地哭泣和歡呼，下課後在淋浴間洗頭時，我感覺好多了，很有自信，今天做了一些對自己有益的事。我也注意到自己越來越能跟上正在播放的混音流行歌曲節拍，一點一滴地，我變得越來越強壯。

有天貝卡一走進教室，我就立刻注意到她，她與我非常不同。我喜歡躲在後面，這樣就沒人看到我練到猙獰的鬼臉，貝卡卻在前排預約了一台腳踏車，就位在教練的視線裡。她穿著豹紋緊身褲和金色運動胸罩，頭髮紮成一束，還有著又尖又長的紫色美甲，我看著她調整座椅的高度，輕而易舉地將一條腿舉到車把上，開始做熱身的伸展運動，以舞者般的姿態輕鬆彎身碰觸腳趾。這間飛輪運動俱樂部位於倫敦市中心的牛津廣場，經常在這裡看到有點名氣的人，貝卡身上有些東西——她的招搖、對別人的看法漠不關心——讓我覺得她一定是個名人。在課堂上，她毫不費力地跟上教練的步調，能夠完成所有高難度又精心設計的動作。

下課後，我鬆開夾在腳踏車上的物品，衝向淋浴間，希望能避開排隊，但是到了更衣室已經有三個人排在前面，每個人都用毛巾裹得緊緊的，雙頰紅通通。排我前面的女人轉身對我微笑，就是她，穿著豹紋緊身褲的女子，她對著我微笑的時候，整張臉甜甜地皺了起來，一瞬間看起來比在運動教室裡平易近人。

「我喜歡你的刺青。」我含糊不清地找了個話題，但這番話也不是違心之論。我從沒見過這樣的刺青，她的前臂上有一朵約克玫瑰花，是以灰色墨水刺繪而成。

「喔，謝謝，我迷上了理查三世，這是超級小眾的喜好。」

誰能抗拒一位穿著金色運動胸罩，並用作古已久的國王徽章當刺青的人呢？我當然不能。

在接下來的幾周裡，我在課堂上一次又一次地看到貝卡。她總是穿著色彩繽紛的緊身褲和上衣，頭髮會編成辮子或紮成蓬鬆的馬尾，有一次她在課堂上把頭髮放下來，長髮像獅子鬃毛般揮舞著。我喜歡她的身體並不纖細但有曲線，所以看起來更強壯。她的小腹在緊身褲的腰帶上搖晃時，她看起來很樂在其中，沒有試圖把小腹藏起來。我們會相互微笑，聊聊天氣，運動完後去喝冰沙。

上完課去喝冰沙成為我們每周的例行公事，我開始對上課感到期待和興奮，不僅是因為帶來身體上的好處，也因為與貝卡聊天讓我很開心。貝卡與我生活中的其他人都沒有交集，所以她對我沒有先入為主的既定印象或期待。如果我告訴她自己有婚姻問題，她會提供冷靜、客觀的觀點。她告訴我，我值得擁有幸福，如果現在沒有感到幸福，可以做出改變。她強調「這不是你的錯」、「婚姻需要兩個人才能成功」，她告訴我不能自己完成兩人份的工作；婚姻必須是對話，而不是自言自語。

我們從一起喝冰沙變成了共享雞尾酒，再從暢飲雞尾酒變成在餐廳包廂享用晚餐，貝卡很快就進入了我最親密的朋友圈。信賴是雙向的，她也告訴我，她對自己的感情關係感到沮喪和無聊，也因為跟年輕同事曖昧而感到內疚。她一方面擔心如果和女友分手，會對女兒產生負面影響，另一方面又擔心如果不分手，女兒會在爭吵不休、充滿怨懟的家庭中長大。她說我是她唯二坦白過這件事的人，我感到非常驕傲，因為她認可我夠特別，能夠讓她傾吐祕密。

沒多久貝卡開始扮演「貼心大姐姐」的角色，細心呵護著我。她提議我們一起去買衣服，並推薦我買一雙感覺對我來說太前衛的靴子，也鼓勵我試穿緊身短裙和皮夾克，並認為我的健身裝備不夠時尚，我不久之後也穿著豹紋緊身褲和金色運動胸罩出現在飛輪課上。這些事情我都全盤照做，不只是基於信任，也是因為我想要和她更親近，所以自願配合。無論貝卡說什麼，都有額外的分量。

有一次我在電話中不斷提到貝卡的名字，艾瑪說：「你和這個人變得非常親密。」我笑了，以為艾瑪是在開玩笑假裝吃醋。「別擔心，」我回答道：「你是無可取代的。」

我和貝卡的友誼持續下去，但艾瑪的觀察是正確的，很短暫的時間內我就和貝卡變得非常親近。以前我從未在朋友身上感受過如此的熱情旋風，有點類似墜入愛河，我們很有默契，心有靈犀，與貝卡成為朋友似乎不只是一個選擇，而是必然。

如今回想，我覺得在某種程度上確實如此。那時我的婚姻快要完蛋了，很需要和人敞開心胸談談正在發生的事情，貝卡是絕佳的對象，因為她很樂意接受我本來的樣子。不論是我在關係中犯的錯、為了保護自己而說的謊，又或者一開始就不該跟這個人在一起——這些貝卡都很明白，因為她自己也有同樣的遭遇。我們的情感生活都很不順利，兩個人像浮木一樣相互依存。

六個月後，她迅速成為我生命中最重要的人之一，一年後我終於鼓起勇氣離開先生，當時還是貝卡幫我收拾行李，也是貝卡告訴我她相信我，即使我對自己沒有信心。是貝卡幫助我度過重返單身生活最初的脆弱時刻，現在回想起來，我意識到貝卡是我的「反彈式關係」（譯註：rebound relationship，失戀後迅速找新歡療傷的關係）。我們之間雖然沒有任何愛情成分，但每次見到她我都會感到興奮，也很依賴她對我的接納，跟熱戀期的感受差不多。當初我對她的崇拜之情其實已經變質為更危險的情緒，我完全把她當成偶像，希望她教我如何變得更自信、更有型、更堅定、更睿智。反過來說，她似乎也想成為我的人生導師，把自己的心理治療師、美髮師和按摩師都介紹給我，堅持要我打電話聯絡，因為他們幫助了她，所以也會幫我放鬆，讓我在離婚後的一團迷霧中以超乎想像的方式變得更好。

她表現得好像這是自己多年來累積的經驗談，她想幫我少走一點冤枉路。所以我接受了她的建議，開始預約她推薦的治療師、美髮師和按摩師，我有段時間會不停向她說謝謝，一直到覺得太過客氣可能會讓她很煩才停止。後來她也會提議一起做些別的事情，或者其他讓我生活更美好的體驗，她帶我去穿耳洞，不只穿在跟她一樣的地方，還送我帶鉚釘的耳環——就像她自己戴的一樣。穿耳洞有點痛，但我好愛它，雖然每次洗頭或把套頭衫脫起來的時候，我的臉都會痛得抽搐一下，但我會立刻想起這是生命中最重要的一段友誼，我跟貝卡又更靠近了——我覺得她也需要那種親密感。

結束婚姻後，貝卡建議我在她住處一帶租個公寓，我幾乎沒有考慮就馬上答應了。她說：「你需要有朋友在你身邊，你必須住在我步行距離內可以到達的地方。這是非常溫馨的社區。」

要搬去全然陌生的地方對我來說並不重要，能住在沒有任何不愉快回憶的地方會很棒，這也是了解這座城市不同面貌的絕佳機會。只要興致來了，就可以和貝卡一起喝咖啡，我們還可以一起叫外賣，在對方家過夜。

我找到一間有凸窗、光線充足的單人公寓，我在那裡過得非常開心，貝卡說得沒錯，那是整座城市很棒的一個區域，但之前說的喝咖啡和過夜邀約從未實現。我們之間的地理距離越近，見面或交談的次數就越少，就好像我雖然被允許接近她，但要知道分寸。我越是跟貝卡分享自己的一切，她就愈加對自己的事情閉口不談。

在此之前我沒有注意到我們的友誼其實很不平衡。也許分享太多我自己的事情，會佔據貝卡需要的個人空間，我這才意識到雖然向她吐露這麼多，但貝卡從未同等地坦誠。她給人的印象是會誠實表達情緒，但我開始注意到有些話題是越界的，她幾乎不想談論女兒，彷彿她不想承認自己是個母親，我們幾乎沒有談論過「母職」這個佔據她人生的角色。還有，除非她主動提起，否則我永遠不會就她的感情關係提出建議，她雖然沒有明確告知，但我感覺到這是個地雷區，她很常跟我抱怨伴侶，但也明確表示我是不可能完全理解她們的互動。身為朋友，我想要在她感情不順時在旁陪伴，但同時覺得尊重她的界線很重要，或許就是因為如此，我無法真正理解真實的她。

我們之所以越來越親近，可能是由於各自的感情生活遇到瓶頸，我們的緊密連結是建立在不快樂之上。雖然貝卡鼓勵我做出必要的改變，但她從來沒有將同樣的標準應用到自己的生活中。我開始懷疑她是不是沒有告訴我一切，也許事情並沒有她講的那麼糟糕，她只是需要把負面情緒發洩到我身上而已。很難分辨事實到底如何，因為在這段四年的友誼中，我只見過她的伴侶幾次，貝卡會這麼解釋：「她都不想出門，寧願在家裡看電視。」

有次在我們都受邀參加的活動中，這位女朋友默默地出現了，她窩在吧台喝酒，任由貝卡自行在人群中穿梭交際。我試著攀談，她會微笑，但從不做出太多的回應。我告訴自己沒資格去管人家的家務事，讓她們自己解決吧。

貝卡的家人是另一個禁忌話題，她多次提到有個很難相處的哥哥。據貝卡說，他對她很不好，只有在要錢的時候才會聯絡，他們的關係很「疏遠」。偶爾，她會用開玩笑又輕率的口氣提到這個話題，我往往不確定是該一起開玩笑，還是該溫和暗示笑聲下暗藏需要面對的痛苦，每次我試著問她對哥哥的真實感受，她都迴避這個問題。

她會說「我不想談這個」，或者是「我不需要解決任何問題，他是個混蛋，所以我不會見他，無所謂啦」。因為害怕失去這段友誼或者惹惱她，我便不再追問，但如今回想那時害怕問得太多，所以很可能其實我問得根本不夠。

在我搬進新公寓後不久，她順口提到哥哥被診斷出患有前列腺癌，我說覺得很遺憾聽到這個消息。

「實在太糟糕了！你還好嗎？」

「我很好。」貝卡輕聲說：「我很早就接受他不會再出現在我生命中這件事了。」

「你想和他見面嗎？」

「不，謝謝你，親愛的。就像我說的，我沒事。」

「好吧。但如果你想談談，隨時可以找我。」

「謝謝。那麼，你星期三要去狐狸教練的飛輪課嗎？」

「嗯，我本來是不想去，但是如果你要去我就去。」

這個話題就這樣結束了，我其實應該更努力表現出關心之情，我是真的在乎。然而當下我的表現方式是聽她的話、支持她去過想要的人生，一如她一直無條件支持我，所以如果她不想談論某事，我就不過問，當個她希望我成為的朋友，因此不惜扭曲自己的樣貌。

這也包括跟著貝卡一起「同仇敵愾」。像是同事升遷比她快的時候，她希望我能站在她這邊，她宣稱那個同事是靠睡老闆才上位的。我沒有懷疑她的看法，畢竟她是我最親愛的朋友之一，哪裡需要對我說謊或扭曲事實，而且我也因為採訪而認識牽涉其中的人員，說這種謊對貝卡沒好處。另有一次，我不小心提到在某個音樂界的頒獎典禮上遇到一位貝卡不喜歡的人。「我希望你沒有和她說話。」貝卡放下她的咖啡，冷冷地盯著我。

「我們是有小聊一下，」我看到她的臉因不悅而變得僵硬，很快補充說：「但是沒有聊很久。」

「你知道她就是那種……」貝卡會開始講述一段複雜的過往，抱怨這個女人多年以前是怎麼貶低她的。即使我和這名女子只有過愉快的互動，但身為貝卡的朋友，我有責任了解這個人對她做出的背叛，並把握所有機會無視這個人的存在。對貝卡來說，這就是忠誠，甚至擴展到她會因為我按讚別人有趣的推文而感到不滿，只因為此人曾寫過貝卡一場公演的負面評論。

「我真不敢相信你這麼做！」我天真地按下「讚」只不過幾秒鐘，貝卡就傳訊息給我：「你明明知道我對她有什麼感覺。」我的心跳加速，立即向她道歉並收回讚。但事實上，你很難掌握貝卡對於感到不受尊重或背叛的標準，這些故事的發展都很類似：對方和貝卡曾是朋友，然後因為做了不可原諒的事情，害她必須結束這段友誼。我當時應該要看出端倪的，經驗告訴我，如果有人反覆提及過去結束的友誼，理由都是別人做了天理不容的事，事情真相一定沒有這麼單純。這就相當於交往對象不斷把所有的前任都歸類為「瘋子」，一段時間後你就會開始思考：這些前任不可能都這麼可怕吧？這些關係的共同點不是你嗎？

我也明白所有的怨恨都源自於不安全感，加上我愛貝卡，所以沒有多想。我越是想成為貝卡的完美朋友——與她同仇敵慨、全盤接受她說的話、傾聽她的生活細節、和她打相同的耳洞、搬到她家附近——她越是開始疏遠我。

我一開始沒有注意到變化。貝卡開始戒酒，所以新年假期不想和我出去喝雞尾酒，她說打算早點睡覺，才可以一大早起床去跑步，這也表示不再有晚上吃大餐。我們變成約在白天喝咖啡，但後來這些約也越來越少。

同一時間我的生活開始出現轉機，離婚造成的情緒重創已撫平，離婚協議在律師的協助下逐漸達成共識，我也成為一名自由記者，並開始賺取優渥的稿酬。我有自己的住處、朋友，對自己的獨立感也在慢慢恢復，還認識了一位比我年輕的對象，我們開始交往，一切都進展得很順利。

我和貝卡偶爾會匆匆見個面，她越來越少關心我發生什麼事，而我問起她的生活，聽到的回答都是乏味的陳腔濫調。一般人很難從那些「很好」和「不錯啊」找出蛛絲馬跡，但我太了解貝卡的情緒變化了，所以認為最好的辦法是給她空間。我不像以前那麼頻繁傳簡訊給她，雖然我相信這樣是體貼的行為，但也有一部分是想保護自己，貝卡那種沒來由的冷淡態度讓我很受傷。

我不會一直追問一個不想回答的人，這就像是去招惹一隻沉睡的熊，我擔心如果持續這樣做，會被巨大的利爪狠狠甩飛，我不想冒險承受那種拒絕。我以為只要先忽略她這種奇怪的反應，也許情緒過去之後她會回來找我，這樣我也可以安慰自己一切都很ＯＫ。

現在我可以清楚知道貝卡那時很痛苦，我的生活正朝著與她不同的方向發展，也許她因此覺得被遺棄、悲傷或失落，或者任何難以用語言表達的情緒，尤其我就是觸發那些情緒的人。

貝卡再也沒有回來找我。時間又過了好幾個月，我發現自己對她的生活一無所知，除了偶爾在社群媒體上看到的動態，她會貼出自己穿著健身服喝著燕麥奶拿鐵的照片，再加上一句感恩小語或勵志金句。過去那個總是說著諷刺的俏皮話、有著健康奇異感的貝卡，似乎已經消失得無影無蹤。她以前很討厭Instagram，批評這是個既空洞又過度張揚自我的地方，但現在卻試著在Instagram上把自己塑造成網紅。

我很希望她能像那些貼文中所說的那樣快樂，但我不確定，因為假設你真的快樂的話，通常不需要一直在網路上昭告天下。我很想知道濾鏡下的微笑和光鮮亮麗的衣服背後到底發生了什麼事，但我還是太膽小了，不敢直問。我應該跟她聯絡的，然而我選擇各式各樣的藉口來掩飾自己的焦慮——她可以主動聯絡我、我很忙，有事情要做、她不了解我的生活，我幹麼要了解她的……我內心的討論會持續好幾個小時，但這樣從未讓我感覺好過，還是會焦躁不安。

我一直以為會在飛輪教室遇到她，我們會恢復從前那種輕鬆的熟悉感，但這從沒發生。我Instagram從上看到貝卡放棄飛輪課程，轉而參加鐵人三項訓練，有一張照片是她在開放水域游泳，穿著潛水衣，旁邊是她的伴侶和女兒，在鏡頭前做出「和平」的手勢，標籤是#myteam和#familyfirst。有位我認識的朋友（還是我介紹給貝卡認識的），回了好幾顆愛心當留言，所以我也點了一個義務性的「讚」。

貝卡已經很久沒有按讚我的任何貼文了，我發現她取消追蹤我。這讓我倒吸一口涼氣，「取消追蹤」而不只是無視某人的貼文，絕對是有意識做出的決定。貝卡表明不想再跟我當朋友了，這是令人難以接受的結局，淚水刺痛我的雙眼，我不明白自己做錯了什麼，該得到這樣的懲罰？

六個月過去了，然後有天她出現在飛輪課的前排，我看到她走進來時，胃感到一陣痙攣。下課後，我想著有什麼辦法可以避開她，但在前往更衣室的途中看到她，我們相視一笑。

「很高興見到你。」她擁抱了我一下說道。

「我也是。」我對她為何又恢復正常感到困惑，也許之前的事情是我想太多嗎？我不自覺地問她等一下要不要去喝冰沙，她點點頭。

「當然。」她說，但沒有太大的熱情。

我們約好在常坐的那一桌碰面，我不想讓她久等，洗澡和換衣服都太快，結果她過來的時候我還在流汗。

「嗨，你最近如何？」

她回答：「很好，你呢？」

「很好。」

我們的談話非常讓人不滿意，貝卡似乎想要避免任何形式的連結。她想讓我們的互動保持在水平面就好，有如我們的對話上了一層 Instagram 濾鏡，漂浮在我們之間尷尬的氛圍裡。我問起她的女朋友和女兒，她說女兒在學校度過了一段辛苦的時光，苦苦對抗焦慮症。

「我很遺憾聽到這件事，那一定很辛苦。」

貝卡揮手打消了我的顧慮：「沒關係，她現在已經好了。」

是我想像力太豐富，還是這句話裡有隱含的批評？她是因為我沒有在她身邊而生氣嗎？潛在的指責是，我如果是個夠好的朋友應該要知道這一切嗎？

「沒能陪在你身邊，我很抱歉。」我脫口而出。她聞言對我微笑，感覺皮笑肉不笑，她什麼也沒說。不知何故，乏味尷尬的閒聊繼續進行，沒有任何進一步的交流。我們坐在那裡二十分鐘，之後隨便地擁抱一下就分道揚鑣。我抵達地鐵站時呼了口氣，沒有意識到我一直屏住呼吸。

⊙ ⊙ ⊙

那是我最後一次和貝卡說話，幾周後就發生她在馬路上完全無視我的事情。

再隔了一段時間，我在當地一家咖啡館寫作時，感到後面有個人在盯著我看，我轉過頭來發現是貝卡。我們眼對眼，這次她沒有微笑或展現認出我來的樣子，而是視線直直地穿過我，然後轉身看向與她在一起的朋友。我打了個寒顫，第一次明白「切割」的真正意思，體驗到自己完全被分割出某人的意識範圍，我已經澈底從她的生活中被割除了。

「切割」有著悠久又不光彩的歷史。在十九世紀的英國，「切割」行為被視為「社會中可能犯下的最無禮的行為」。一八九八年，辭典編纂家布魯爾（E. Cobham Brewer）還在《短語與寓言詞典》裡不嫌麻煩地定義各式各樣的「切割」。他寫道，「直接切割」是「盯著熟人的臉假裝不認識他」；「間接切割」是「看向別個方向，假裝不認識」。「天堂切割法」是透過欣賞建築物的屋頂或天上的雲彩，直到想切割的人走過去，「地獄切割法」則是「彎下身來調整你的靴子，直到聚會結束為止」。

一九二二年，推廣現代禮儀的元老級人物——艾蜜麗・普斯特（Emily Post）將切割描述為「透過爽快又直截了當的凝視，展現出拒絕，不僅侮辱了受害者，也讓每一位目擊者都感到尷尬」，普斯特自信地表示：「在文明有理的社會中幾乎不為人所知」。

我很敬佩普斯特女士在用餐禮儀和撰寫感謝信的高超見解，但在「切割」一事上難以苟同。切割現在依然活得好好的，現代社會中得以二十四小時交流的進步，提供了更多方式來做到這一點。街道現在不是唯一可以切割他人的地方，我們還可以透過取消追蹤、傳訊息、已讀不回或不讀不回來進行。我們可以不聽語音留言、不回覆電話，也可以透過失聯來結束關係，只要有意願，我們可以主動讓自己人間蒸發。

我就這樣被最重要的朋友人間蒸發了，貝卡消失在我的生活中，如今能證明這段親密友誼的證據只剩下我的耳洞了。好幾次我會忍不住懷疑這一切是不是自己幻想出來的，就像國高中時期對大幾歲的學姐有憧憬那樣？還好舊的 Instagram 照片中也留有證據，穿上她推薦我買的靴子也會證明這不是幻想，我也記得她那些精闢的妙語，有時會發現自己在跟別人聊天時會引用。每次發生這種情況，我都會感受到很深層的不適感，就好像「切割」真的在肉體上留下隱隱作痛的傷口。

漸漸地，傷口癒合了，現在想起貝卡只會有最輕微的刺痛感，但這確實花了我很長時間——這是一種緩慢的悲傷，我不曾經歷過。我有段時間一直在自欺欺人，認為這段友誼並不是永久終結，下意識認為就算沒聯絡，我們也會再次要好起來，然後「否認」無縫接軌地轉變成「憤怒」——我氣貝卡沒有講明我到底做錯什麼，也氣自己因為害怕所以從未主動問過。

我告訴艾瑪時，她說：「我從一開始就不信任她。」

「真的嗎？」

「真的。她希望你一直被困在悲傷、動彈不得和感到自卑的狀態。現在你不是那樣了，所以她不喜歡。」

我仔細思考了一下，不確定這是事實，至少我認為貝卡不是很明確意識到這種感覺。我很確定她不是因為我很沮喪和需要指引，才特意和我交朋友，然後又在我開始可以站立起來的時候把我拋棄掉。與此同時，我確實開始相信，當一個人活在悲傷中，但由於害怕要去採取行動而難以面對這股悲傷時，往往會受到那些反映出自身封閉情感的對象所吸引。在此脈絡下，的確非常可能發生其中一方的人生繼續前進，讓另一方自覺仍原地踏步。我還是很想相信，如此親密的朋友之間的嫉妒會很輕微……但並不表示你完全不會有。

長達數個世紀以來，女性已經被「稀缺性」的謊言制約了，我們被迫彼此爭奪工作機會、外界的關注和伴侶，因為父權體制讓我們相信世界上的成功機會為數不多，有時這個可怕的謊言甚至會汙染最親密的友誼。公平來說，受影響的不只是女性，連美國小說家戈爾・維達爾都說過名言：「每當有朋友成功時，我內心的某些東西也死去了。」

我不願意相信嫉妒是貝卡跟我斷絕往來的根本原因，因為這聽起來很自我膨脹，只是這說不定是我缺乏「負面共感」能力的關係。面對自己可能會有的言行，大多數人可以設身處地思考「別人為何如此做」，但是遇到自己不會有的行為反應，就很難去想像和理解了。我後來終於從一位共同朋友那裡獲得可能的解釋，坎迪絲也有過被貝卡突然冷落的經驗。她們曾經在爭取同一份職位，雀屏中選的是坎迪絲，從此就被貝卡斷絕往來。只要她們在辦公室走廊擦身而過，貝卡都刻意往別的方向看，和我的情況有驚人相似之處。

坎迪絲說：「我認為，她無法忍受看到朋友獲得她也想要的成就。」

「我為她感到難過。」我回答道：「想想看，一個人對於自己的價值這麼不確定。」坎迪絲告訴我，貝卡從來沒有提到過我和她的友誼結束了。事實上，她是幾乎不再提到我，如果在談話中提到我的名字，她不會承認。只有一次，貝卡說到一個可能的原因。

「她說你讓她感到窒息。」

「什麼?!」

「她認為你一直在模仿她，做各種她做過的事情，像是穿同樣的耳洞之類的。」

我目瞪口呆，一直以來我以為這些共同經歷是我們很親密的證據，我以為她希望我接納她的建議來做，她看起來也很樂意分享，我從來不知道貝卡暗地裡很痛恨我照做。對她來說，我是透過這段友誼試圖複製和勝過她，而不是建立起連結——我感到一陣噁心。

我很感激坎迪絲，至少現在有了一個解釋，雖然我不盡然同意，但這說法還是有其道理在。我們的共同經歷的確可以從這個角度看，只要你選擇把自己放在「飽受剝削的救世主」的位置上，而自己最大的錯誤就是給予對方永無止境的寬容。諷刺的是，我一直擔心與貝卡不夠親近，但她卻覺得這股親密感令人窒息；又或者她的確想要親密感，但不是我提供的那種——她想要的是可以駕馭並保有支配權的親密感，對我來說，那根本不是真正的親密。

話說如此，貝卡的絕交還是對我產生了深遠的影響，有一陣子我變得更害怕失去朋友或犯錯，知道自己會不小心在朋友心中獲得糟糕的評價，讓他們只想要默默從你生活中消失，這是很讓人震驚的遭遇。我發現真的是世事難料，我努力想成為對方最好的朋友，但當事人可能有完全不同的體驗。等到我接受這個合乎邏輯的結論，突然獲得意想不到的啟示：我無法控制別人對我的看法，因此這些試圖成為「完美朋友」的努力都是一場徒勞。我不妨就冒險做個不完美、有缺陷、不總是善於溝通、不想要視訊通話和討厭一起出門散步的自己。既然不管怎麼做都會有被討厭的風險，放心做原本的自己不是比一味迎合對方更開心嗎？

人之所以選擇「人間蒸發」往往是因為太害怕說出自己的想法，或者缺乏需要的表達能力。二〇一八年針對一千三百名名受訪者進行的一項研究發現，那些對未來抱有「定型心態」（fixed mindset）、相信宿命概念的人，更有可能在戀愛關係中突然失聯。這些人抱持二元對立的觀念，相信總會在大量的「錯誤對象」中遇到潛藏其中的靈魂伴侶。如果這些人覺得交往中的不是「真命天子／天女」，有百分之六十會傾向以人間蒸發來結束關係，認為不必給對方交代就繼續往未來邁進。至於擁有「成長心態」的人，則相信人際關係並非天生完美，需要努力維持，有百分之四十覺得「人間蒸發」不是可以接受的做法。

同一項研究發現，大約四分之一的受訪者曾被戀愛對象「人間蒸發」過，有五分之一的人自己也這樣做過。研究人員發現，朋友之間的「人間蒸發」甚至更為常見，超過三分之一的人表示自己曾經做過或遇過，而且這還只是在面對研究人員質疑時願意鬆口的人數。我發現有趣的是，關於討論愛情關係中人間蒸發的文章很多，友誼領域的文獻卻很少。

我猜測是因為這件事實在太羞恥了，我自己就花了很多年在思考到底是哪裡做錯了，才會受到貝卡如此嚴厲的懲罰；談論這件事讓我很尷尬。突然人間蒸發的友誼是像掉進湖水裡的石頭，泛起的漣漪不斷重疊和擴大，到達岸邊時水面又平靜下來，好像什麼事也沒發生過。

但如果從湖底把那塊石頭撈起來，我會發現什麼？我認為人之所以會人間蒸發，是因為這段關係不夠穩固，我們覺得會禁不起考驗。舉例來說，好的教養方式是讓孩子感受到無條件的愛，所以就算孩子需要表達不舒服的感覺或承認不良行為，他們也會了解即便父母親當下生氣或失望，並不表示父母就因此不愛自己。聽到血氣方剛的青少年對煩惱不已的媽媽說「我恨你」，不是件開心的事，但這通常是一場可以化解的風暴。這樣的界線測試是加強親子關係不可或缺的一環。

一些長期的愛情關係也體現了同樣的態度：伴侶往往會向他們最親近的人展示自己最糟糕的一面，因為他們知道關係中有足夠的愛來支持偶爾出現的不良行為。

儘管我們經常期望像婚姻一樣長久，可惜大多數的友誼不是這樣的。我在交朋友的時候，絕對不想透過爭吵、肢體衝突或任何可能威脅到這段關係的方式來經營友情。這可能反而導致在理想情況下應該要坦誠的時刻，只有尷尬的沉默不語。但對我來說，只要確認傾訴的朋友會為我著想，展現誠實或脆弱是最安全的一件事。如果無法滿足這個條件，那就沒有真正的友誼可言了。

一部近年播出的精彩電視劇《追密》（Chloe），充分反應了我在貝卡人間蒸發後的心路歷程。劇中講述女主角貝琪被曾經的好閨密克蘿伊絕交之後，著迷於追蹤對方在Instagram上看似完美的生活。故事開頭揭示克蘿伊已經自殺身亡，隨後劇情便以「克蘿伊的死亡」和「兩人友誼之死」為中心展開。貝琪後來執著於調查兩者的真相，彷彿只要能找到克蘿伊自殺的原因，她也會找到友誼告終的解釋。

儘管貝琪的行為越來越瘋狂——假扮不同身分，在社群媒體上跟蹤克蘿伊朋友的生活，並且在某次被主管惹惱之後，將一小瓶自己的尿液倒進對方酒瓶中，我發現自己對她深感同情，而且也支持她的所作所為。看著這麼暴走的女主角展開復仇，對我這種被絕交得不明不白的人來說，實在很療癒。

有個常見的戀愛都市傳說認為，你需要花交往時間一半的長度才能忘記一個人，如果交往了兩年，就需要一年才能走出情傷。套用到友誼上的話，我的經驗大不同，我和貝卡當了三年的好朋友，大概花兩倍的時間才重拾平靜。這是循序漸進的過程，由許多小小的行動組成，最終產生累積的效果。我取消追蹤她的Instagram，不再跟共同朋友討論到底發生什麼事，最後我遇到現任老公，我們交往一陣子後搬到別的地方。我偶爾會想我們還有可能再聯絡嗎？她會同意嗎？有機會重燃友誼之火嗎？問她發生什麼事會不會很奇怪？我不敢問是否代表自己表達愛和忠誠的能力大有問題？

有次和朋友薩特南討論這件事，他說了一段讓我忘不了的話：「如果你敢把她帶回你的生活裡，我會看不起你。」我們正在皇家公園「綠園」散步。

「什麼意思？」我問。

「這表示你沒有原則。」他回答的時候並不刻薄：「假設你又和她成為朋友，那我和你的友誼算什麼？不管人家對你有多壞，你都不願意放手。」

「哇噢！」我說完沉默了片刻。

「我這個人比較武斷。」薩特南繼續說：「光是聽到她對待你的方式，她就一輩子在我的黑名單上，然而——你居然還繼續當她的朋友。如果有朋友跟我說誰把他們弄得很慘，我會討厭那個人一輩子，永遠不會改變想法。我絕對不會讓她回到你的生活中，你應該以對方的行為來評價一個人，她對待你的方式非常差勁。」

我們又走了一段路，然後停下來抬頭欣賞喬治王朝時期的磚造建築和屋頂上方的一抹晴空。

「這就是為什麼你想跟貝卡和好這件事讓我很擔心，這明明就是應該結束的事情。你的言行會對其他朋友設定界線，例如『我真的很重視友誼，我覺得這是珍貴又美好的事情』，但如果你再次跟貝卡成為朋友，我會覺得『小莉真的很不挑耶』，然後認為不能再信任你對於我們友誼的說法，誰知道你心裡怎麼想。你跟這種混蛋繼續當朋友，我會覺得你搞不好也會這樣對我。你這樣做就會發出非常明確的訊息。」

我從來沒有這樣想過，薩特南的話很有道理，他在我身上發現了一個根深蒂固的價值觀：「當個好朋友」是一個人最重要、最能展現真誠的方法之一。如果重拾跟貝卡的友誼，我就不會成為薩特南的好朋友，除了相處時間變少，我能提供的感情資源也有限。我們的關係會變得比較不重要，因為如果我對友誼的標準這麼低，讓自己受到惡劣的對待也無所謂，這樣的友誼到底意義何在？如果我不加以分辨地接納虛偽的朋友，又能給予真朋友什麼？

「你說得很對。」我說，知道是時候結束內心的這場糾結，一切都結束了。貝卡屬於我的過去式，但我很感激我們曾分享的愛，我依然希望她快樂，假設這表示她不能成為我的朋友，那就這樣吧。我不想帶給她痛苦，我把她和其他人間蒸發的朋友鬼魂留在綠園裡。

從此以後，我覺得內心更清楚了，被朋友斷絕往來教會我友誼應該不是什麼樣子，也幫助我更理解友誼應該是什麼樣子。

友誼錄音帶

雷

雷．溫德，六十八歲，
是非營利組織「北沃爾舍姆男子棚屋」會長，
這是一個旨在將個人和社區凝聚在一起的社區計畫。

男人往往會遇到這種情況——尤其是當你孤身一人，失去了曾有的伴侶——你每天早上起床，打理一些必須要做的雜務之後就沒事幹了，在還沒有意識到之前，你拿起遙控器，打開電視，好幾個小時便這樣過去了，你又浪費美好的一天，沒有跟任何人互動。「男子棚屋」這個組織就是要讓你能夠抬頭挺胸地說：「我要去棚屋看看，交交新朋友、聊聊天。」

多年來有很多研究指出，女性會主動出門跟自己的小圈圈碰面，然後談談遇到的問題，這很棒！我常說的一句話是，我們男人很不幸地都認為自己是〇〇七龐德，一個人可以做任何事情，但到了緊要關頭，才發現我們其實做不到。

友誼的目的就是在你最低落的時候，需要找個信任的人談談，你可以約他們出來討論遇到的問題，反之亦然，你也可以談他們的問題。你越有機會談論自己的問題，就越能減輕心理負擔，多多與朋友交談確實對自己有所助益。

我確診前列腺癌的時候，最要好的朋友特別北上趕來陪伴，有他在身邊支持我真的很棒。他本來預定要當天來回，但後來選擇打電話給他太太，然後他們一起在我這裡住了一個星期，就為了給我力量、支持我。這就是真朋友。

雷的前列腺癌目前處於緩解期。

05

薩特南

男性朋友，性別是否重要
以及《當哈利碰上莎莉》難題

我第一次見到薩特南，是在朋友安排的聯誼上。認真說，幾年前我們曾在別的聚會上有過一面之緣，在接下來的幾年裡，每次我想起薩特南這個人都帶著一點愛慕之情，一部分是很欣賞他寫的報導，一部分是因為共同朋友都對他讚譽有加。很奇怪地，我們就是沒有更進一步的交集，就好像宇宙對我們的友誼自有安排，知道時機未到。

離婚後搬到那間單身女子公寓，我不僅住得離貝卡更近，也跟另一群朋友很近，顯然大家基於神祕的理由一致認為這是城裡最宜居的地方。我很驚訝地發覺究竟有多少熟人住在步行可達距離之內，弗蘭西斯卡就是其中之一。她一直很關注我的感情生活，很長一段時間，她都堅持我應該要和薩特南約會。

「他人真的很好。」她會在我們最喜歡的餐廳用餐時高聲說道：「而且幽默有趣，是我認識最適合你的人選。」如果讀者們想知道為什麼弗蘭西斯卡自己不去追他，那是因為她已經嫁給了一位事業有成的好男人。

弗蘭西斯卡花了幾個月的時間才說服我，因為我不想和記者同業聯誼，後來發現薩特南也同樣不情願，我們都被愛情弄到遍體鱗傷，被起起伏伏的線上交友搞得筋疲力盡（通常是低潮多）。我三十九歲，他四十一歲，彼此都沒有時間浪費在不必要的袒露脆弱上，我們都是刺蝟，不想再經歷另一次的失望。

不過弗蘭西斯卡非常堅持不懈地想要撮合我們，最終我們屈服了，我和薩特南交換電話號碼，他傳了簡訊給我，我們約好那個周末在一家酒吧見面。「我有強烈感覺你那天晚上會跟他上床！」弗蘭西斯卡在電話上嚴正地對我精神喊話，她停頓了一下，「如果你懷孕了，那就順其自然吧。」

我比約好的時間晚了五分鐘出現在酒吧，因為不想成為第一個到達的人，結果薩特南還沒有到，我心想：「這傢伙真是不準時。」

他姍姍來遲，我們點了食物和一瓶紅酒。他在生動地分享趣事時，手臂掃過桌面，打翻一杯水害我的牛仔褲濕透了，薩特南尷尬到不行，我則覺得他的反應非常好笑。等我去廁所把自己擦乾回來，他繼續把我比作一匹馬，因為我個子算高，又說我的臉讓他想起一位非常討厭的女記者……他幾乎是口無遮攔地丟出這些失禮的評論。

「你知道弗蘭西斯卡認為我們應該喝得爛醉，然後酒後亂性嗎？」他問。

「知道，這讓人有點尷尬對不對？」

他點點頭。我說：「我們就達成共識不會這樣做，這樣彼此就都不必承受壓力了。」

薩特南看來鬆了一口氣：「好啊，這主意不錯。」

打烊的時候他堅持這頓讓他買單，然後邀請我到他家去喝杯茶。我們走了二十分鐘的路程，路上他來了場即興的歷史講座，介紹三〇年代建築師戈德芬格（Erno Goldfinger）建造的現代主義住宅。

我心想，這個人很有趣，也知道很多有趣的事，而且十分友善。我不介意牛仔褲被弄濕或被比喻成馬，我們到他的公寓喝了茶，然後……什麼都沒發生。我們多聊了一下，我就叫了台計程車回家，雖然我那時候還不知道，但他後來成為我最親密的朋友之一。

⊙ ⊙ ⊙

直男和直女真的能成為朋友嗎？這是電影《當哈利碰上莎莉》提出的問題，憤世嫉俗的男主角哈利堅持認為「男女之間沒有純友誼，因為性總會出來攪局」，但女主角莎莉不同意，兩人在最終墜入愛河之前確實當了好一陣子的朋友，某方面來說這證明了他們「都是對的」。

我很幸運活在一個更鼓勵男性談論自己感受的時代，許多傳統的性別障礙不是受到推翻，就是正在消除中。我有三個親密的男性朋友——薩特南、羅斯和賽門，性吸引力的問題從來不是阻礙。賽門是同性戀，羅斯則和我很崇拜的一名女性結婚（老實說我更喜歡他老婆），還有薩特南，前面已經講過了。另外，我也相信所有的人際關係都有其內在本質，想要一段令人滿意的關係，關鍵是能夠充分發揮這項內在本質，而不是試圖改造它原本的模樣。羅斯、西蒙和薩特南注定要單純成為我的朋友。

我確實認為男女之間可以有純友誼，不會受到性的影響，當然也知道有一些非常要好的異性朋友最終成為戀愛伴侶的例子，但我從來沒有這樣的經驗。我從與薩特南的友誼中得到的東西——幽默、善良、百科全書般的歷史知識，並不是基於他是「一個男人」，而是基於他是一個我願意與之共度時光的好人。我從來沒有問過他「作為一個男人」如何看待某個話題，或者要求他向我解釋異性戀男性的觀點。我對他感興趣是因為他的多面性，而不是因為他的性別，我對所有的朋友都一樣。

我最近問薩特南對我們的友誼跟當初意想不到的起點有何看法，他毫不猶豫地回答「裡面沒有性的化學反應」。我們透過Zoom聊天，雖然他所言絕對是事實，但我忍不住對他直言不諱地講出來感到有點被冒犯，也為此覺得自己很可笑。我直截了當地回問：「你當初真的對我沒有興趣？」

「我想……興趣嘛……我好像沒有認真往這方面想過。這只是我自己的猜測，也不是很確定，但當時感覺你和不少人在約會。」

好吧，我的確是。

「我想說，我才不要加入競爭。我可能有一點覺得自己無法跟別人比。而且那時候你根本是約會狂魔，好嗎？」

「約會狂魔」也太誇張了，我打斷他的話。

伊莉莎白：在我們第一次見面的那兩周內，我只和另一個人約會過一次。我也記得自己當時的心態，我的自尊心低到不能再低了，需要有個很專注感情的人直白地跟我說：「我想要的是這個，我的感受是那樣等等。」而且幾乎從一開始就要。

薩特南：沒錯，你不需要另一個打太極的文青。

伊莉莎白：對，而且我們注定要成為好朋友，所以我很高興你不是那樣的人。

薩特南：我也很高興我們去除了那種麻煩，沒有做愛。

伊莉莎白：我真的很高興沒有那麼做。

薩特南：我也是，不然，我不認為我們會成為朋友。

薩特南幾年前做過一個「實驗」，他與一位後來成為非常要好朋友的女性上床，他的結論是，不管怎樣，異性戀男人和異性戀女人想要一段長久的友誼，首先必須確保他們在性方面沒有任何「未完待續」的懸念。

薩特南：我認為要好好成為朋友，兩人之間就不能存在任何性張力，所以必須分類好。例如說我跟你是透過別人介紹認識的，彼此的定位就已經分好了，再不然就是兩個人曾經試過上床，發現結果是一場災難。你懂我的意思嗎？又或是你們交往過，最後雙方確認不適合當伴，沒有遺憾——這樣你們也可以成為單純的朋友。

這是一個有趣的說法，因為「是否真的可以和前任對象成為朋友」這個問題，幾乎跟「男女之間有沒有純友誼」一樣爭論不休。

堪薩斯大學在二〇一七年進行的研究發現，分手後的男女覺得有必要維持友誼的主要原因有四個：禮貌（我想保持禮貌和道德，並確保這種分手盡可能無痛）；尚未解決的浪漫慾望（以防哪天我改變心意，這樣才有機會復合）；實際目的（我們有共同的社交或家庭群體）和安全感（我信任你，希望你繼續擔任知己和支持者的角色）。

我想要再加上第五個原因：分類錯誤（我們其實只適合當朋友，之前沒有搞清楚這點）。在遇到薩特南以前，我發現自己與不少前任後來都變成朋友，因為一開始我就搞錯了他們的定位。他們都是我約會過幾次的人，甚至可能還上過床，但最終證明他們是令人愉快的友伴，僅此而已。我們當初誤解了彼此之間連結的內在本質。要把他們完全踢出我的生活不太合理，因為我很喜歡他們，只是永遠不會愛上他們。此外，擺脫「性愛」這個元素，我們的友誼甚至比原本更順利。

我有四個男性朋友屬於這個類型，他們都會我在遭遇危機時接起我的電話。我很感激我們之間曾經共享的親近感，感覺就像一條通往真誠情緒境界的道路，這在跨越性別的友誼中很罕見。由於我們的友誼是以不尋常的方式開始的，所以雙方對後續發展都沒有特定的期待，我從來不會因為沒有定期聯絡而感到內疚，而且雙方都沒有非要留在彼此生命中不可的壓力——這一點跟我其他的友誼相比大為不同。我們可以在想聯繫時隨心所欲地聯絡，對於我這種天生害怕被遺棄和孤獨的交友成癮者而言，知道友誼可以發展成這種形式，實在是讓人謝天謝地。

話雖如此，這四位朋友都不是長期交往過的前任。與曾經結婚過、同居或交往多年的人保持朋友關係要困難得多，而且除非雙方都付出很多努力才有可能，我那些長期交往過的前任男伴們，如今都不是朋友。

我嘗試過和前任保持聯絡，因為從每天交談到一夕之間完全沒有互動實在太痛苦了，除非在這段關係中受到肢體或情緒虐待，否則在我看來，即使雙方不再相愛，也沒道理要失去這段存在著友誼基調的關係。

但老實說，我承認這是藉口，真正的原因可能是我暗自希望他們仍然喜歡我。如果是我主動提出分手，就想藉此減輕內疚感，如果是對方提分手，那麼就想要證明是他看走眼。我太執著於努力做到完美，因此無法領會到他們發現我身上或在這段關係中有所匱乏。諷刺的是，可能就是我太專注於完美的人設而非真實做自己，從一開始就讓這段感情搖搖欲墜。

我不曾想和這些前任男伴復合，其實是更扭曲的心態——我想要「他們」來求我復合。通常約出來喝酒時，我會失望地發現他們沒有我，日子也過得很開心，而我也會假裝自己過得很好，感覺就像在刮自己傷口上的結痂。我花了很長時間才明白，見到曾經親密的人時所產生那種悲傷、不安、反胃的感覺，跟你有多愛對方無關，而是和拒絕愛自己的程度有關。

還有一個更深層的原因：我有一位前男友在分手的半年後不幸去世。我和里奇大四時開始交往，畢業後我已經做好心理準備，想讓這段關係往下個階段邁進，但他還不想這麼快定下來。雖然里奇說仍然想繼續交往，但我決定快刀斬亂麻。分手後我們見過一次面，搞得彼此淚流滿面，他也承諾這次會不一樣，但我覺得真的回不去了——那是我最後一次見到他。幾個月後我受邀去為他餞別，他將以自由記者的身分飛往伊拉克，報導海珊政權垮台的後果。我覺得尷尬而沒有出席，兩個星期後便傳來他的死訊，是被狙擊手命中頭部。

對他的父母和姐妹來說，那是一段痛苦的時光，我也感到強烈的哀痛，卻又有所不同，我不知道自己是否有資格。我難以接受當初沒有跟他道別或是採取任何行動讓事情比較圓滿。

由於痛失里奇，我變得近乎瘋狂地試圖讓前任留在生活中，以免再次碰到事情還沒處理妥當人就離世的情況。接下來的兩任男友是最大的苦主，我對自己那時傳達出的混亂訊息感到很丟臉，他們應該搞不清楚我到底想幹麼。直到離婚後，我才不再試著跟前任伴侶做朋友，必須學著接受對方可能會突然離世的風險，以及接受每個人對這段失敗的關係都有自己的看法，我沒辦法去控制人生或是對方的想法。

我得出的結論是，或許很難和你曾經愛過的人成為朋友（特別是還有遺憾或想挽回），但完全有可能和曾經有過性關係的人成為朋友。

我問到這件事的時候，薩特南同意我的看法。

薩特南：我跟前任都會變成朋友。我記得三十歲生日的時候，邀請了三位這樣的朋友參加派對，我還記得有位男性朋友說：「這就是你搞砸的原因。」他認為這樣很荒謬，我的回應是「不會啊，這樣很棒，她們都認識我」，但我內心其實同意他的看法。我認為如果有人傷了你的心或者你傷了別人的心，你們就不能成為朋友。我認為不跟前任做朋友是有益身心健康的，但如果彼此真的都沒有什麼心願未了的話，那麼做朋友就沒問題。

那麼，薩特南是如何與他曾經親密無間的女人成為朋友的呢？他以招牌的「實事求是」態度回答。

薩特南：我們約會、交往，但結果很糟糕，表示我們原本就不適合當情人；如果原本就不適合，那麼這段戀愛關係到這裡就可以了。你可以繼續過日子，這是一種解脫。

伊莉莎白：所以你再也不會想跟對方做愛嗎？

薩特南：不會。我覺得談論這件事其實很怪，讓人很尷尬，你懂嗎？

伊莉莎白：懂，所以變得像是一種手足之情。

薩特南：這其中的考驗是「你會為對方感到高興嗎？」我會幫她介紹對象，她也介紹對象給我，很多時候，我甚至比她還要喜歡她的男朋友。如果我會對她談戀愛感到嫉妒或羨慕，純粹是因為那一陣子我比較少見到她，氣她見色忘友之類的。通常我最後都會喜歡她的伴侶，幾乎都是。

大家一般認為的說法是，異性戀男性不可能與女性成為朋友，但我只有兩個非常親密的男性朋友，大多數朋友都是女性。我認為男人在友誼各方面的表現都非常糟糕，他們不知道如何維持友誼，一旦男人結婚生子，友誼就是他們放棄的東西。這也是人在臨終前最常見的遺憾之一，就是沒有去維護友誼。

以個人的見聞來說，薩特南似乎是對的，在我這個年齡層，幾乎所有我交談過的異性戀男性都曾經有過不小心大量流失朋友的經驗。他們被工作、婚姻、孩子和安排得過於密集的行程分散了注意力，因此犧牲了看似最容易放棄的事情。

我也曾經近距離接觸這個苦惱，就是我先生賈斯汀。交往初期他就坦率地告訴我他沒有朋友，那時他在開車，我在副駕駛座上聞言忍不住氣急敗壞、語無倫次地說：「蛤……怎麼可能……你說你沒有朋友是什麼意思？」

「我就是沒有朋友。」他平靜地打右轉方向燈，然後變換車道。

「你一定有。」

「真的沒有，在我的生活中，我必須為你、孩子們和工作留出時間，這些都是我優先考慮的事情。好吧，也許我有一個朋友啦。」他勉勉強強地承認。

作為一間蓬勃發展的公司的創始人兼執行長，賈斯汀當然得花大量時間在工作上，而且他和前妻有三個孩子。在我每天晚上都瘋狂出去社交，向朋友取暖以抵禦孤獨感的那段期間，賈斯汀正在換尿布、指導年幼的孩子踢橄欖球、參加家長會，不只努力要讓婚姻走上正軌，也努力當好一位創業家，他剩下可用於友誼的精力可說是所剩無幾了。

他在那段時間所結交的都是環境使然，不是其他橄欖球爸爸、鄰居，就是他和前妻會一起出去玩的人。離婚讓他失去了後面兩種類型的朋友，他的注意力也轉向與前妻建立友好、協調的關係，這樣才能在兩個不同的家庭一起撫養小孩。後來，他開始想找個生活伴侶，所以便把約會安排進行程表，但還是沒有時間建立友誼。他在公司有相處融洽的人，但作為老闆，混淆同事和朋友之間的界線並不是個好主意，後來他遇到了我，花了不少時間在建立我們的長期關係。

總而言之，我先生幾乎沒有朋友，身為一個朋友太多的交友狂，我幾乎無法理解他的態度，尤其是賈斯汀聲稱自己並不覺得匱乏。

「你不怕孤單嗎？」

「不會特別有這種感覺。」他說。

賈斯汀真正害怕的是不請自來的互惠——如果朋友為他做了什麼好事，他就會感覺虧欠對方，就算他並不想接受他們的好意也一樣。因此只要有朋友來家裡吃晚飯，賈斯汀總是堅持親自煮一頓，他非常感謝對方願意撥空前來，很想在這份人情債累積利息之前趕緊還清；「驚喜派對」對他來說是償還不完的噩夢。

如果不是因為最好的朋友艾瑪也有同樣的態度，我應該很難理解這樣的觀點。艾瑪的解釋略有不同，她對於要讓誰進入生活圈很謹慎，要對誰敞開心房就更加小心翼翼，因為不想讓自己面臨大失所望的悲慘感覺，所以寧願只讓少數人進入她的生活。

撇開賈斯汀和艾瑪不談，我想知道從廣義上來說，為了維持友誼，女性是否真的比男性更容易在社會的制約下為他人著想、交流和連結、執行所需要的情緒勞動？

想歸納出明確的結論恐怕很困難，因為過程中很容易受到舊有的性別概念影響。單純從我個人的經驗來看，我那些屬於LGBTQ族群的朋友似乎比異性戀男性更擅長交友，多少是因為他們面對不同生活方式的經驗老道，所以不會以傳統觀點為依歸。友誼對他們來說是有明確意圖的，部分原因在於經常要努力爭取外界的承認和接納，很了解「需要盟友」這項基本需求。

我開始尋找可以針對這個議題提供看法的人，比方說年長的同性戀男性是否可以告訴我，他們的友誼能不能禁得起時間的考驗。我認識了同志人權先驅安德魯．拉姆斯登（Andrew Lumsden），八十歲的他依舊精神抖擻，在倫敦提供酷兒景點導覽，仍然有很多朋友。我問他，是什麼原因讓他們成為朋友？

他回答：「我認為影響最深的原因是共同的背景。我通常是透過相同的政治理念結識朋友。如果你一直以來都是社運人士，大家就會一起做社運活動才會做的事情，並發展出革命情誼。當然你們可能會吵架，但理由多半是政治議題，而非個人問題。」他還很高興地說：「社會運動是世界上尋找朋友的最佳方式。」

「在男同志世界裡，我們會互稱姐妹，彼此之間通常沒有任何肉體關係，我們會為彼此做的事情與最好的朋友完全一樣。假設今天是兩個變裝皇后晚上出去玩，很容易在街上受到暴力攻擊，你們會互相支持，不會拋下對方。如果有姐妹受到攻擊，你會去幫助他們；如果他們被警察逮捕，你會去警局保他們出來等等。」

我發現這是很重要而且感人的觀點：如果你屬於少數群體，友誼既可以是政治行為，也可以是深厚的個人連結樞紐。如果一個人的身分不斷面臨被抹殺的威脅，那麼一段能夠看見真實的你、提供保護並幫助你擁抱完整自我的友誼，就變得像呼吸一樣重要。

從歷史上看，白種異性戀男性從未生活在這種威脅之下，這可能是他們以不同方式看待友誼的原因之一，友誼是可以半途放棄的東西，不會造成存在焦慮，直到為時已晚才後悔莫及。

二〇一九年英國的一項民調顯示，近五分之一的男性承認沒有親密的朋友，百分之三十二的人更表示沒有最要好的朋友。這是全球性的問題，二〇二一年美國生活調查中心發佈了一項類似的民調，顯示認為自己「沒有親密朋友」的男性人數在過去三十年裡翻漲了五倍，從一九九〇年的百分之三增加到百分之十五；只有百分之十五的男性認為自己有十個以上的親密朋友。

有鑑於此，澳洲的男性開始透過將自家後院的棚屋變成社群空間，來解決這個問題。「男子棚屋運動」（Men's Shed）已推廣到全球各地，每間棚屋都為當地男性提供交流和建立關係的機會，大家都不會為此感到尷尬。

但如果說男性常遇到友誼危機，薩特南就是個例外。雖然他現在有固定的交往對象，但他從未結婚或有小孩，所以比較有時間培養友誼，對朋友的態度也和我不一樣。

「你收集友情就像在建立投資組合的私募股權基金一樣。」

「不，我沒有。」我反駁，這說法太傷人了。

「這只是被愛的基本需求，不是嗎？」他是對的，也許這就是為什麼我會遲遲無法放下分手後的前任們，還有那些上過床的對象——我把他們與獲得愛的可能性連結在一起。

伊莉莎白：為什麼你沒有被愛的基本需求？

薩特南：關於我自己，我發現到自己一直以來不擅交際，害怕和一群人相處。我的噩夢就是那種「只有男性參加」的活動，甚至在小學時期我的朋友也沒有超過兩三個。我認為這可能是個性使然，當然如果曾經有被霸凌過，你也會害怕跟一群人相處。

伊莉莎白：但我就是有被霸凌過的經驗！我想知道你是不是從小在家庭中一直感受到無條件的愛？

薩特南：我是，也許這就是差異所在。一切都會追溯回到父母身上，我一直感受到家人的愛，從來不覺得內心有個需要填補的缺口。我擁有充滿愛和安全感的家庭，這也是形塑性格的一環，我很幸運。我認為如果人在成長中一直被愛著，根本是中了人生的樂透。

伊莉莎白：錫克教徒對待友誼的態度是什麼？

薩特南：這是一種在塵世中審思自身的宗教，它在哲理上與佛教有很多共同點，但是很多佛教僧侶會想要出世，而錫克教則積極入世，認真面對工作、行動和社會中不公義而戰，我想它是非常善於交際的宗教和文化。我有五十四個堂表兄弟姐妹，太多了。

伊莉莎白：所以你不害怕被人疏遠或孤老一生嗎？

薩特南：我一點也不害怕，如果我有超過三、四個親密朋友，那我需要甩掉一個。

他並不是在開玩笑，他不介意終結對自己沒有什麼意義的友誼。薩特南不是個會想避開衝突的人，所以他終結友誼的策略是這樣的：先忽略朋友打來的電話一段時間，如果他們一直打來，他會坦白跟對方說明問題所在。

薩特南：幾年前我對一位好朋友做過這件事，這挽救了我們的友誼。他當下很受傷，但是有聽進去一些我的話並改變自己的行為。

伊莉莎白：那麼，對你來說，真正友誼的目的是什麼？

薩特南：我想是為了不那麼孤單。為了娛樂自己、一起八卦、聊聊趣事，但主要是為了讓你的生活體驗更有意義。如果你孤身一人地體驗生活，就好像這些經驗是空白、沒有發生過一樣。

他引用了U2樂團的歌曲《高飛》中的一句歌詞——「朋友是會讓你幫忙的人，這可不是什麼祕密」，他對友誼的測試就是看這個人是否會幫助他，或者在需要時是否會請薩特南幫忙。

在薩特南和我決定要當好朋友而不是情侶的幾個月後，我在一次聚會上遇到了一位認真交往過兩年的前男友。他非常有禮貌，但我們的談話缺乏深度，好像曾經共有的回憶或感情都消失了，我對他來說不再有意義。聚會隔天我仍為此難過，更糟糕的是我覺得被背叛了。他可是曾經堅定地承諾我們會繼續做朋友，因為「無法想像」沒有我的生活。然而，他從來沒有付出努力，當初說要分手的是他，所以我在等他主動遞出友誼的橄欖枝，這件事始終沒有發生。這是最讓我大受打擊的一點，我可能不是合適的女朋友，但總不會也是爛朋友吧？

我開始意識到，接受自己的友誼成癮症也意味著要接受這樣的事實，那就是我出於錯誤的理由想和這個前男友保持朋友關係。但我們已經說得太多、分享太多，也失去太多。我們最初對彼此的強烈感情不會簡單轉化為友情。事實上，我也不需要出於對不確定性的恐懼，強求對方留在我的社交圈，我早就有夠多的朋友了。

所以我打電話給薩特南，告訴他我發生了什麼事。

「你要我過去陪你嗎？」他說。

「要，拜託你來吧。」

二十分鐘後他到了，手裡拿著一張印有歌手喬治．麥可頭像的明信片。薩特南是他的大粉絲，所以我知道這張明信片意義重大，他在背面寫道：「別讓這些混蛋讓你失望。」

我把明信片放在廚房的櫃檯上，然後開始燒開水，我已經感覺好多了。有時候真的很簡單：朋友就是那個會讓你幫忙的人。

友誼錄音帶

安德魯

安德魯．拉姆斯登，八十歲，藝術家、導遊和《同志新聞》創辦人。

很久很久以前，在現代社群媒體出現之前，是郵局壟斷了英國的電信系統。他們規定了很多奇怪的規則，比如家庭電話的電話線只能有一條，不能超過六英尺長，而且一定要安裝在牆上。所以有好幾次搬家的時候，遇到電話工程師給我二十英尺的電線，真的是受寵若驚。畢竟如果你和朋友聯絡的主要方式是有線電話，有時候真的會希望能躺在床上講電話，或者一邊聊天一邊煮飯，光靠郵局的標準規範是辦不到的。

這也是友誼美好的一面。我知道現在人都用手機了，但是當年用老式電話聊天時，知道對方會把機身放在肚子上，聽筒貼近耳朵，這是一件讓人開心又覺得彼此很親密的時刻。當然，時不時也會受到可怕的衝擊，通常都跟你的戀愛對象有關，對方沒有打來！打過去他們沒有接！所以你必須離開，趕快跑到他們住的地方去看看！

06

合約

在《比佛利嬌妻》的幫助下撰寫你的友誼履歷

我把喬治．麥可的明信片釘在櫥櫃門上，每天早上伸手去拿茶包時都會看到他性感帥氣的臉孔，這總令我會心一笑。等喝完茶準備離開公寓，薩特南的友誼默默地支持我，鼓勵我不被這些混蛋影響而沮喪，這讓我很欣慰。

隨著時間的推移，熱水壺冒出的蒸汽逐漸讓明信片的邊緣捲曲，而喬治的金髮也因窗戶直射進來的陽光失去一些光澤。他一直守護著我，後來有一天，我帶著他搬到我和賈斯汀在城市另一邊買的新家。

離開那間租來的公寓，我很感激它在我人生經歷了很多風風雨雨時，始終如一地庇護著我。雖然我一方面鬆了口氣，之後不會在街上遇到無視我的貝卡，一方面也感到難過，因為要跟象徵自己得來不易的獨立的空間告別。但我還是很興奮能夠與所愛的男人同居，並擁有更多的衣櫥空間。

你可能以為我的人生接下來都會保持平衡，請放心，我也把以前的一些性格特質帶進新生活。儘管我已經開始了解真正友誼的價值，並意識到不需要跟遇到的每一個人成為朋友，但我並沒有完全擺脫希望能討人喜歡的渴望。因此搬遷到新住處時，我很努力敦親睦鄰。

我先向住在同一條街上的鄰居們自我介紹，他們都很親切，如果我們不在家還會好心幫忙代收包裹。我接著加入當地的WhatsApp群組，急著想接收到清運垃圾和野獸出沒等重要生活通知，並且把自己想像成社區未來的新台柱。

負責管理群組的女士建議我們見面喝杯咖啡「了解彼此」，我非常積極地回覆訊息：「沒問題。」這位女士叫瑪姬，她比我大一點，幾年前先生外遇後就離婚了，他們現在共同撫養兩個十幾歲的孩子。我告訴她很抱歉聽到這樣的事，那一定是非常艱難的經歷，她的眼眶噙著淚水，我伸手捏了捏她的手以表安慰。我們談到離婚話題，述說為一段本來就不佳的關係難過會讓人有多矛盾，也討論到瑪姬的父母長年苦撐著不幸的婚姻，反而讓她做出離婚的選擇，對此她很感謝雙親。我也同意，勇敢離婚更有益身心健康。

簡而言之，我們建立了連結，然後她說大兒子很想進入媒體行業，但競爭如此激烈，她不知道如何提供幫助。

「哦，我自己就在這個圈子裡。」

「真的嗎？」瑪姬的臉亮了起來，帶著期待的眼神看著我。

「所以如果你兒子需要人脈或工作經驗，我很樂意提供幫助。」

「你真是太好心了，這真的會很有幫助，我可以把你的電子信箱給他嗎？」

「當然。」我故意忽略心裡響起的冷靜聲音，它提醒我：「你明明知道這樣做會發生什麼事。你會承諾太多東西，然後不知不覺中尷尬地過度介入人家的生活。伊莉莎白，你真是個笨蛋，來不及了。」但這微弱的聲音完全被我腦袋中的盛大歡慶給淹沒了，腦內的大遊行在慶祝我很擅長交朋友——「你多了一個朋友，讚喔！給以前那些惡霸看看你的厲害，讓那些前任後悔得要命。」

我走回家的路上，全然沉浸在建立起心靈交流的滿足感之中，像嗑了藥一樣嗨，覺得整個人活了過來。賈斯汀下班回來後我興奮地告訴他：「我跟一位鄰居喝咖啡，她人很好。她經歷了很多鳥事，幾年前先生外遇，他們離婚了……」

我開始了一段慷慨激昂的獨白，賈斯汀聽完之後沒有熱烈回應，反而皺起了眉頭。

「你確定……」

「我知道你要說什麼，但瑪姬人很好，我覺得能在社區裡找到可以當朋友的人很不錯。」

賈斯汀不以為然：「不要做你常做的事，就是覺得你必須成為某人最好的朋友。」

我翻了個白眼反駁：「才怪。」幾天之內，我著手安排瑪姬兒子的實習工作，我從沒見過這個男孩，不知道他是什麼樣的人，但並不妨礙我堅持讓他跟在一位重要的同事身邊實習一周。瑪姬傳簡訊感謝我，提議下周一吃頓午飯。瑪姬是全職媽媽，所以休息時間往往是孩子上學的時候，但我的工作時間跟上班族差不多，而且星期一忙翻了。然而，我只不過跟這個女人見面一次，就已經開始為拒絕她的邀約而感到內疚，我不想要讓人覺得沒禮貌，更不想讓人誤會我人很差。

我重排當天的行程，努力挪出一個小時的空檔，就為了能去赴約，結果這頓午餐大超時。瑪姬席間傾吐更多苦水，主要是跟前夫和他的新伴侶有關。

「我覺得自己很失敗。」她在我不想點的開胃菜上菜時告訴我。

「瑪姬，絕對不是這樣的，結束婚姻不等於你是失敗的人。」我花了一大段時間才讓她振作起來，但這個時間點絕對不適合馬上就說自己要趕回去工作，所以我跑去廁所發送群組信件給相關人員，說接下來的會議不克參加。

為什麼我不先告訴瑪姬今天時間有限，甚至直說星期一不方便呢？這是因為我相信如果有人想要跟我交朋友，我絕對必須接受。我自認擅長交友，這完全是自我感覺良好，我說服自己對方會從中得到他們需要的東西。事實上，他們會得到是我自己最需要的東西：自我價值感。

又過了幾個星期，瑪姬常傳訊息給我，我如果方便都會回覆她，但回覆的長度和規律逐漸減少。我其實沒有餘裕再結交另一個朋友，但那時急於與她成為朋友，沒有察覺到這一點。又或者我有意識到，只是不想承認，因為那會感覺我心胸狹窄。

而且跟過去的自己相比，我這次其實並不是以找人當朋友為主要目的，只是想成為一位親切的好鄰居，問題出在我唯一會的社交方式，就是全力以赴，沒有任何界線。在我渴望建立連結的過程中，很常跳過謹慎評估眼前這位陌生人的必要階段。我忘記西塞羅的建議，即在賽馬之前先測試馬匹，因為我急於開戰車親自衝刺到終點線。

現在我和瑪姬對於彼此親密度的認知有不少落差，這令人不太舒服，我不知道如何擺脫她頻繁的喝咖啡和周日晚餐之邀。現在我走到她家附近都會一陣恐懼，擔心被邀進去坐坐，進行幾個小時的告解式談話。有次，瑪姬傳訊息說因為後院在做擴建工程，孩子會送去前夫家住，她不知道方不方便在我家過幾晚。我頓時感到驚慌失措，在我扭曲的心態中認為唯一的選擇就是答應她，不管有多不方便皆然。

「我該怎麼辦？」我慌亂地問賈斯汀。

「她絕對不能來我們家住，你就說我們不方便，因為我的孩子要來。」

賈斯汀沒有接著說出「我早就告訴過你了」或「你為什麼老是讓自己陷入這種困境中」之類的話。他後來請我坐下，溫柔地跟我談我的長處（建立連結）和弱點（設定界線），並建議我應該花點時間弄清楚要如何保護自己，避免再次發生同樣的事情。

我按照他的建議回覆瑪姬，並決定盡量不要因為她的負面反應而內疚。我問自己：「如果失去瑪姬這個朋友，她對我有不好的看法，我能接受嗎？」我得出的結論是沒問題，如果她因為這麼小的事情就絕交，我也不需要這種朋友。幾分鐘後，瑪姬回應了：「好的，沒問題。我會找其他地方。」

這種解脫是強烈而瞬間的，瑪姬也沒有覺得怎樣，我已經設定了界線，她很清楚我的立場。真要說的話，她如此成熟的回應大大增添我對她的好感度。當下我察覺到，也許瑪姬並不希望我對所有事情都說「是」，也許她只是在測試我能成為怎麼樣的朋友。我之前讓她留下完全錯誤的印象，一切都是我的不對。

早在西塞羅幾個世紀之前，哲學家亞里斯多德分享了他對「友愛」的看法。對亞里斯多德來說，「友愛」可以分為三類，可以是基於互利互惠（愛有用的東西）、互享（愛愉快的事物）或相互欽佩（愛彼此的品格和道德操守，亞里斯多德將其定義為「美德」）。這三個類別可能會重疊，但「最好的朋友」和「帶來便利的熟人」兩者之間有著明確的界線。瑪姬應該是互利互惠的朋友——我可以為她兒子安排實習機會，她可以幫我照顧貓。對於亞里斯多德來說，有些朋友永遠只屬於這一類，除非你發現喜歡彼此相伴，那麼就可以進入「互享」的類別，但只有真正志同道合的人才會不在乎朋友是否能帶來益處，這才算是「相互欽佩」的友誼。亞里斯多德主張，第三種友誼因此是最有美德的，因為我們在其中找到「另一個自己」。不同於當時的人普遍認為幸福的生活是能夠自我實現，但亞里斯多德認為「自我實現」必須依賴這種友誼，我們藉由最真誠的朋友認識真正的自己。

他在《尼各馬科倫理學》中如此寫道：「要成為擁有完整德行和圓滿自我實現的人，必然需要關心他人——沒有他們，一個人的生命是不完整的……那麼，任何想要快樂的人都必須擁有極好的朋友。」

在這個脈絡下，最真實的友誼是那些超越互利互惠考量，而依自由意識選擇的友誼。英國作家C．S．路易斯在《四種愛》一書中更直率地表達了這一點，用了整整一個章節來講述友愛。他敘述友愛是「最不具有生物性、有機性、本能性、合群性和必要性的……一種最不自然的愛。」任何經歷過深厚友誼陪伴的人可能會反對「不自然的」這個形容詞，但路易斯的意思是，從科學角度來看，人類作為一個進化物種，並不需要友誼來進行繁殖和提升自己。正如我們所見，科學家經常基於沒有繁衍價值，而忽視友誼的研究——儘管二〇一六年的一項研究顯示，斑馬魚如果聞到附近有熟悉的同類存在，牠們的恐懼程度會降低，這被認為是除了人類或哺乳動物之外，其餘生物也有「社會緩衝」的第一個證據。

就算友誼沒有繁衍價值，肯定會為人類存續和繁衍增加價值。我們之所以需要友誼，在亞里斯多德看來，這會成為一種更高層次的愛，其背後的意圖就是追求自由。

儘管如此，如果受到義務束縛或忘記設立界線，我們也無法做出真正自由的選擇。我和瑪姬就是這種情況，她永遠不會成為更深入一層的朋友，因為我從一開始就破壞了規則。如果我們在一開始就更清楚彼此想從對方那裡得到什麼，那麼定位就會容易得多，偏偏友誼的世界裡沒有任何由社會規範的儀式。情侶可以選擇認真一對一交往、同居、訂婚和結婚，每個選項都向外界展現出關係的不同階段和進展，就連親子互動中也充斥著類似的里程碑——開學第一天、考試成績、十八歲生日派對等。友誼的獨特之處在於沒有任何象徵性的事物來紀念它，這也代表我們很難像面對其他關係一樣，小心謹慎地同等經營友誼。如果你的個性像我一樣，就會一頭栽下懸崖，不知道下面的水是淺是深；如果你像艾瑪那麼謹慎，就會先假設海裡都有鯊魚。艾瑪比我多疑，面對這些情況會運用更多的辨別力和判斷力，亞里斯多德一定會很愛她。

艾瑪一家最近搬遷到新的城市，我再次被我們之間的差異所震撼。她說很希望在送孩子到學校門口時，自己可以在脖子上掛一張公開的「友誼合約」。「我想在上面寫明哪些是我能提供的，哪些不能。我可以成為這樣那樣的朋友，如果你想要得更多，我不適合你。」

想到艾瑪像聖伯納德犬一樣，脖子上掛著一桶威士忌的畫面讓我笑出來。但我越想越覺得她說的有道理，如果我在第一次跟瑪姬見面時就掛了這樣的合約，上面會寫什麼呢？我的友誼履歷會是什麼樣子？

伊莉莎白．德依

擁有超過四十年當別人好朋友的經驗。

技能：建立連結和表現出同理心的能力，也有人說我很幽默風趣。

弱點：界線不明、迴避衝突、不擅拒絕、討厭打電話和因為自卑導致的交友成癮症。

我正在尋找的是：一位鄰居朋友，他不會把我一開始的親切和熱情誤認為是建立更親密關係的保證，對我沒有任何期望，也不會過分熱情。可以很偶爾地去喝杯茶，願意幫忙低維護性的家務，例如在必要時幫忙照顧寵物和給植物澆水。經過十二個月的試用期後，有可能晉升到更親密的朋友圈，非誠勿擾。

白紙黑字寫下來感覺很冷漠，我看起來要求很高，有點愛發牢騷，很不友善。我認為這就是我的問題所在，在四十三歲之齡，明知自己對朋友有哪些需求，但是很不擅長向剛認識的人發出相關的非語言線索。劃定界線一直讓我覺得背離「好朋友」的標準，當個好朋友不就是該優先滿足所愛之人的需求，這不就是友愛的定義嗎？

是對也是錯，經歷瑪姬事件之後，我開始意識到生活中只有有限的空間能分給少數真正夠深刻的友誼——你們會在彼此最需要的時刻放下手邊的事趕過去。正如西塞羅所說，這種友誼只會在經過一定時間的考驗後降臨，而薩特南的觀點是，在選擇這類的固定班底朋友時，必須謹慎以對，這不僅能讓最親密的朋友感到安全，還能確保其他人更清楚你的界線是什麼。

正在閱讀本書的讀者中，可能有些人很難交到朋友，因為他們的缺乏自信是以不同的方式表現出來——害羞、社交焦慮、害怕遇到自己可以掌控的孤獨之外的任何情況。寫一份友誼履歷對他們也有幫助，說不定可以免於受到誤解。當然沒有人真的會寫好友誼履歷到處分發，然而，簡單地為自己打個草稿對我來說很有啟發性，它讓我誠實而簡潔地思考，作為朋友我可以提供什麼，又不能提供什麼。這種表單化的交流在其他生活領域被廣泛接受，我們在書店輕鬆買到租賃協議或遺囑的範本，配偶可以簽署婚姻證明或婚前協議書，我們會簽署雇傭合約，我自己也為這本書簽了合約，上面寫明了最低字數以及交稿期限。在上述情況下，我們都清楚自己的責任範圍。

但是目前好像沒有任何友誼契約存在。現在我要坦誠自己除了交友以外的另一種癮頭——真人實境節目。在琳瑯滿目的眾多實境秀中，我會定期朝聖的就是《比佛利嬌妻》。《比佛利嬌妻》最初源於一部紀錄片，記錄加州橘郡的貴婦生活，這些影像後來被頗具眼光的年輕製作人安迪・科恩挑選出來，重新剪輯成更吸引大眾的東西，《比佛利嬌妻》就此誕生，並搭上當紅影集《慾望師奶》的熱度。時隔多年，《比佛利嬌妻》系列開枝散葉，女性來賓多數也不再是全職主婦，她們的主要共同點是對精緻事物的愛好、極為可觀的可支配收入和追求極致完美的傾向。場景設置確實是過於浮誇，但她們表現出的情緒往往引人共鳴，而且我覺得故事情節比任何戲劇都更引人入勝。

《比佛利嬌妻》是我第一次看到如實呈現人工生殖療程的節目，同時也是會關注五、六十歲女性離婚、守寡、約會、維持單身和更年期的少數節目。我第一次（也是唯一一次）看到實體的「友誼合約」，也是在這個節目系列裡面。這份合約出現在《亞特蘭大嬌妻》第三季，是由前超模辛西婭・貝利為好朋友妮妮・利克斯設計的。她們之間一直有些問題待解決，辛西婭認為送上香氛蠟燭和友誼合約會有助於改變兩人的氛圍。合約裡包含以下規範：「如果我們生對方的氣，不能直接氣沖沖地上床睡覺，必須要把話講開」和「不能與對方絕交，除非有充分的理由，例如其中一方意外死亡」。雖然辛西婭堅稱，這只是為了好玩，但看著她在螢幕上講的話，不禁會被其背後的深刻意義所震撼。

妮妮笑著說：「辛西婭，我們兩個又不是要結婚。」

辛西婭認真回答：「但我們是好朋友，我不喜歡過去幾天的感覺。」

兩人都簽了字，妮妮有些不情願，特別是聽到辛西婭開玩笑說：「這是一年期的合約。所以你不能破壞規定，不然就要發送經過公證的信件說你想中止合約，然後還要有大人物在上面署名。」

十年前我看到這一幕時，覺得荒謬可笑，就跟製作單位期望達到的效果一樣。如今，審視過自己的友誼之後再回顧那個場景，我很想知道辛西婭是不是真的明白了什麼。她搞不好是擁有遠見的天才，在其他人都還看不見問題之前就提出解決之道。

針對這個問題，我找上「友誼教練」丹妮爾。丹妮爾很熱衷於討論錯綜複雜的女性友誼，不僅同意接受訪談，而且我提到節目中那份「友誼契約」，她也很清楚所指為何。

「我也記得那一幕，當時心想這女的是認真的嗎？」丹妮爾說：「但我認為這個想法提供了很多保證。因為友誼是如此地具選擇性、自願性、流動性和不確定性，所以我理解友誼合約的目的是在一段不太容易定義的關係中，提供安全感。」

丹妮爾補充說：「我們往往很快就進入友誼關係，快得像呼氣一樣，跟戀愛關係中的談話不一樣。在曖昧或戀愛的對話中，大家會預期出現某些決定性的開場和結語，中間也會有一些關鍵字，但這在友誼中是不存在的。我們是在不知不覺中，發現彼此常常約出來玩，然後哪天覺得不好了，可能就不告而別。所以你永遠不會真正知道『我們是否有共識』、『我們喜歡彼此的程度是否相當』，還有其他更重要的疑問：『是否期待這段友誼只有你和我』、『你還會有其他同樣重要的朋友嗎』和『我需要你付出更多心思在我身上』等等。」

「所以我認為『友誼合約』之所以聽起來很荒謬，是因為這種模式應用於友誼上讓人覺得太受限。我認為很多人都將友誼視為一種隨心所欲的消遣和樂趣，但我可以預期有很多女性會因為合約提供清楚的規範而獲得慰藉，並消除她們對友誼的許多不解之處。」

我請丹妮爾說出她對友誼的定義，她馬上就有答案，「我的定義是，對另一個人所傳達的雙向感情和善意。」丹妮爾說：「我也思考了你對友誼合約和概述相關期望的問題。雖然大家的用字遣詞差不多，但各自想表達的事情天差地遠，因此聽到有人說『我需要朋友』，我會反問：『你是想找活動同好，還是真的朋友？』對我來說，這是完全不同的兩種話題，但很多人會混用兩者。造成雙方對彼此的期待不同，最終可能導致衝突……所以我才會把友誼定義為，是對另一個人給予最好的互惠感情與善意。」

思考這個問題的期間，我也聽了美國作家格倫儂．道爾的Podcast，節目中將「友誼」定義為包含三個標準。首先，是長期和穩定的，其次是正向的，最後是互惠的。節目中所說的「正向」的意思是，良好的友誼應該像個雙向充電站，你們都可以去補充自己的情緒和能量。相較之下，「負向」的友誼會讓你感到筋疲力盡或被剝削，這種朋友經常把你當成垃圾桶來傾吐所有的抱怨，而不會關心你過得怎麼樣。

這個節目也向我介紹了「社交恆定性」（social homeostasis）這個概念。「恆定性」是用於描述身體達到與維持某種動態平衡狀態的需求，例如身體會自動調節體溫或血糖濃度。應用到社交層面上，意味著人類有個內部觸發點來決定人際關係連結的理想平衡。正常運作的大腦會自然而然地根據最佳條件進行自我調節，假設我們的社交互動太少，就會引發孤獨感、焦慮感或壓力增加，從而觸發內部警報系統，鼓勵我們去尋找朋友。諷刺的是，多數人並不想在這種時候去交朋友，也因此推廣心理健康常將重點放在「好好交談」上，在內心最感抗拒的時刻，可能就是最需要關係連結的時候。

認同每個人都有不同的「社交恆定性」也很重要，友誼持久的關鍵在於確定你和朋友的需求標準差異所在。比方說，我需要的面對面接觸比其他人少很多，即使好幾個月沒有見到面，我也能感受到他們深深的愛和羈絆。貝克斯是我最核心朋友圈中的一員，但我們有著相似的社交恆定性標準，並沒有一般以為的那麼常見面。我們無條件接受彼此不想要頻繁接觸的事實，因此無論哪一方主動聯絡，都是出於真誠，而且也不期望對方立刻回覆。我們的訊息紀錄都間隔好幾周，通常真的見到面，多半是花一整晚坐在沙發上吃外賣、看電視，但同為內向者的我們感覺完全被對方理解和接納。

另一位朋友米妮則具有不同的需求標準。她慷慨大方而且很正向，總是會打電話給我約見面，但如果我不方便的話她也完全能理解。認識米妮的二十多年裡，她從來沒有讓我覺得自己是個不夠意思的朋友而有壓力或內疚。她的女兒是我的第一個教子，我很愛這個孩子，永遠不會忘記她的生日或送聖誕禮物。我希望能透過這個方式，表現出自己有多重視米妮的友誼，即使我們無法常常碰面。

因此，如果我們要擬定友誼合約和履歷，這些都是在簽名承諾之前需要考慮的事情，否則就有可能陷入一段從未真心想要的友誼，並且無疾而終。我從瑪姬事件學到的教訓就是，開始一段新的友誼要更加謹慎和好好觀察，我不應該期望其他人能憑直覺理解這一點，或者擁有與我相同的友誼觀點。

友誼錄音帶

丹妮爾

丹妮爾・貝亞德・傑克森，三十五歲，友誼教練。

我記得有個案例是兩位多年的好朋友，遇到了本質上的問題。我們透過通話紀錄發現，一個人想繼續做朋友，而另一個人則不想，這真的很難解，直到諮商快結束時其中一位才崩潰地說：「我不知道自己還想不想繼續做這個諮商。」坐在那裡看到另一位朋友現在才得知她的真實想法也令人於心不忍。

看起來原因是其中一方的成長已經超過另一方。因此，想挽回友情的那位才來預約諮商，希望能夠幫助她們克服誤會、讓友誼更深厚，結果只證明朋友想趕快結束一切。根據我的觀察，她的生活似乎有很大的進化，除了新戀情、新工作，也對自己的喜好有了新的想法。想挽回的朋友在諮商期間則多次說出「還記得我們以前這樣做，現在都沒有了」和「你以前每天都會打電話，但自從交了新朋友就不跟我講話」。這種情況真的讓我很痛苦，一方苦苦哀求兩人重回往日時光，但另一方則說了很多次「我很抱歉，但我沒辦法變回以前那樣，我改變了」，雖然字字心酸，但她終於能說出這句話也算是一種解脫。

如果列出女性客戶最常詢問我關於友誼的前五個問題，其中一個就是她們煩惱遇到不再適合的友誼該怎麼辦，原因可能是彼此處於不同的人生階段，或者成長幅度不同等。這就是為什麼我想強調，友誼研究顯示我們每七年會更換一半的朋友。所以某種程度上，人人都可以預料到自己會失去一些友誼，這幾乎就像是整枝一樣會發生在友情身上，這可能是一件好事。

07

夏梅

坦白直率
又討人喜愛的朋友

幾個月前，我收到朋友夏梅的簡訊：「嗨，我們可以電話談談嗎？」你應該不難想像這樣的訊息會直接刺激我的大腦感到恐懼，我不自覺地回想自己做了什麼爛事，竟然糟糕到讓人家想打電話來討論。不過，我對夏梅的理解就是，她非常重視溝通一定要清楚坦誠。

我們會成為朋友，是在我生命裡最混亂的那個時期。那時我的第一段婚姻告終，並辭去報刊特約撰稿人的工作，一頭跳入未知的自由工作者世界。那時我正在寫第四部小說，當時還不知道幾年後自己會推出改變人生的Podcast，以及隨著粉絲增加，我越來越有必要在私領域和公開場域之間劃清界線，但我也會發現自己很不擅長設立界線，我需要像我一樣真實、深刻和真正理解我的朋友。

夏梅就是其中之一，我們是在時尚雜誌安排的晚宴上認識的。該雜誌邀請一群貴賓擔任「時尚品味引領者」，幫助他們預測未來趨勢。我覺得受邀成為其中一員真的是謬讚，我大部分的品味都可以用「起司」和「真人秀」兩個詞來概括，而且我一到那裡就感到無所適從。後來大家討論起碧昂斯的最新視覺專輯《檸檬特調》，我自己很愛收錄的每一首歌，但有位男士大肆批評碧昂絲「缺乏獨創性」並且「沒有自己寫歌」。

我看到坐在對面的夏梅努力打起精神聽他高談闊論，似乎還翻了個白眼，接著她開始針對這位男士提出的每項觀點，進行精準致命的反擊，讓他招架不住，害我最後開始有點同情他。我也注意到夏梅從來沒有提高音量或改變說話的速度，她甚至一度使用「恕我直言」這句話，我當下超想衝上去擁抱她，後來我還真的這樣做了，從此我們就成為朋友。

我不認為自己被她吸引是巧合。我越長大，就越被坦白直率的人所吸引，我下意識地知道，既然自己很難設立合理的友誼界線，那麼就需要對方為我做到這一點，否則我最終會被各種想像中的友誼情緒勞動或包袱給壓垮。內在的批判者常迫使我從最悲觀的角度去想像、揣測朋友會有的感受，時時擔心自己的無心之舉會引來對方反感或不快。

我想這就是我需要和夏梅當朋友的原因。如果我更像她一點，就不會無法拒絕艾拉或瑪姬的邀約，也許也不會被貝卡迷惑住。我不需要友誼履歷或合約，我會從一開始就更加直率和明確地表達。我也逐漸意識到，夏梅的坦白直率意味著她也為我提供了安全的空間來表達感受。她鼓勵我說出真實想法，而不是我認為別人可能想聽的話，她還有很神奇的本領，就是能夠直擊問題的核心，我本身甚至還沒有意識到呢！

我的Podcast吸引越來越多的粉絲，也佔用我更多的時間，她有次在午餐聚會上把我拉到一邊，直截了當地說我要專注在寫書上面，「因為那才真正代表你到底是誰，你應該提醒大家這一點。」她說有開Podcast的網紅不勝枚舉，但早在那之前我就已經在寫書了，這是我應該出名的地方。我把她的話聽進去了，因為知道那是出於愛的建言，她關心我和我的事業。我回家之後重新安排了每日行程，這樣就可以花更多的時間寫作，事實證明夏梅是對的：當我認真對待寫作事業時，生活更有成就感，而不是抱著歉疚的心態在其他外務中勉強抽空來寫。

所以收到夏梅要求聊聊的簡訊，我知道她不會拐彎抹角。我回完「當然」，她立即打電話過來。原來夏梅看到我在Instagram上發文，針對新聞報導某位名人表示有了孩子後，感覺這個家「完整了」，我指出女性不需要小孩來完整她們，因此引來正反兩方論戰。有位追蹤者分享了我的貼文，譴責使用「完整」一詞作為排他性語言，她也提及另一個常見的排他性例子是「沒有比母愛更偉大的愛」。

夏梅那時是一個孩子的母親並且懷著雙胞胎，她想知道我對這段評論的看法。她的觀點是確實沒有其他愛可以跟母愛相比，但這並不表示母愛本身就比其他愛更好或更重要，因為我們會在不同的情況下，經由不同的人和不同的原因感受到不同種類的愛。

我對此進行了反思，告訴夏梅我同意她的看法。母愛無論如何都是「最偉大」或「最好」的想法，會讓沒有孩子的女性覺得自己在愛的體驗無法與之媲美。這讓我們感覺不如人，好像生活永遠不會像擁有小孩的人那樣豐富或完整。

「是的，我理解你的意思。」夏梅說。

「我也完全了解你想表達的事情。」我回答。

就這樣，我們結束了電話，對彼此的想法感覺更好、更清楚。我們沒有讓焦慮惡化，讓它轉變為距離感、誤解或怨恨，而是立即解決。這樣做的過程中，我們的友誼變得更加親密，不僅因為我們對彼此更了解，也因為在這段友誼中有足夠的安全感可以彼此提出具有挑戰性的問題。這是透明、充滿愛意的溝通的完美典範，我可以從中學習，想知道夏梅如何坦誠對待友誼而不用擔心冒犯到對方，因此我做了夏梅會做的事，換我問她。

夏梅：我基本上不能接受任何虛假或片面的事情，我認為朋友之間必須完全對等。對我來說，交朋友的意義在於友誼中存在真正的平等感……那種開放、接受以及理解，是基於你是誰，而不是年齡、種族或其他條件來評斷你，這對我來說非常重要。

我前面章節提過，夏梅在青少女時期與母親疏遠後無家可歸，現在她更詳細講述朋友們為何對她來說等同於後天選擇的家人。他們給了她家裡所缺乏的「無條件的愛」，這就是為什麼她需要比信任家人還要更信任他們。夏梅進入尋找自我身分認同的關鍵時期，變得比以往更仰賴朋友來接納「她現在是誰」以及「她將成為什麼樣子」。

夏梅：在我成長的過程中，很多朋友都處於同性戀圈子，它必須是一個緊密家庭，這樣才能保護大家免受恐同和種族歧視的傷害……這對我的友誼來說是非常重要的面相：要去理解而不是批判。

我需要在我的友誼中運用很多情商，信任、真相以及安全感對我來說真的很重要——雙方都是如此。而且，我希望自己說的話不會亂傳出去。我需要能夠真正坦誠相待，我希望我的朋友們能夠和我一起做到這一點。

有鑑於友誼在夏梅的自我建構中佔有相當地位，因此忠誠對她來說尤為重要。如果朋友表現出口是心非的行為，她會毫不猶豫結束這段關係。她分享幾個例子，她曾多次邀請某位朋友參加聚會，就為了介紹自己的人脈給對方，後來發現這位朋友會故意將夏梅排除在她自己的活動之外；另一位老朋友則是反覆刻意不讓夏梅參與自己的人生大事，而夏梅跟她攤牌時，她不認為自己哪裡做錯了。

夏梅：所以我們不再是朋友了，因為她甚至無法理解這種行為會傷害到我。

伊莉莎白：友誼破裂後你會感到內疚嗎？

夏梅：我不會內疚。我覺得自己的決定是很正當的，因為我的道德和價值觀對我來說真的非常重要，生活中其他人如何對待我也連帶重要起來。假設有人不符合我的道德和觀點，而且我不認為我要求太多，比如忠誠、做一個好人、開放和溝通，這些都是關係的基礎，對吧？

如果有人做不到，那麼他們就不適合我的生活。那不是我的問題，因為我有其他朋友可以做到，我並不是說要給大家一張友誼履行清單：「嗨，在我們開始這段友誼之前，請你先在這裡簽名好嗎？」

友誼不是這樣運作的，將大家聚集在一起的化學反應是共同的價值觀、道德和觀點。這是一件非常了不起的事情，因為沒辦法預期這些化學反應會來自哪些人。你可以跟生活軌跡完全不同的人擁有相同的價值觀。

對夏梅來說，友誼不是彼此擁有完全相同的觀點，而是有著相似的道德基礎，支持我們思考和對待世界的方式。夏梅很重視討論和歧見，只要以開放的心態和平等尊重的角度出發就沒問題。我、夏梅和她的製作人朋友安娜有開一個聊天群組，三個人經常會有意見不一致的時候，不過我們會寬容以待，試圖了解大家的觀點從何而來。我可能會說錯話，但其他兩個人會知道這不是出於惡意。

夏梅有另一位朋友的政治傾向非常保守，儘管不同意他的政治立場，但這對她來說並不重要，只要朋友在主張自己的觀點時，能夠充分理解她的生活如何塑造她的想法，以及為何她的觀點完全不同。他們以這種方式維持了二十年的友誼，但後來他投票支持英國脫歐，並說夏梅的生活完全得益於過去保守黨政策的成功，這讓她覺得完全被誤解了。

> 夏梅：如果你不了解我，不了解我對那些因為社會結構和制度缺失而掉到谷底的人抱持高度同情，那我真的不知道這二十年我們在幹麼。我跟他有很長一段沒有說話，但我們現在又是朋友了——他就是那樣子。

如果前面這段話聽起來有點讓人害怕，那可能是因為你跟我一樣，在友誼中沒有什麼界線，所以一想到要設立界線保護核心價值觀，就渾身不對勁。然而夏梅讓我意識到，從一開始就清楚自己的友誼價值觀是獲得信任和安全感的必要前提。在任何沒有界線的關係中，你都不會感到安全，因為這種關係不會穩固。這也可以呼應薩特南所說的，如果你想當個有價值的朋友，就需要捍衛你認為有益於長久維持友誼所不可或缺的事物，並且只接納尊重這些標準的人。如果友誼是一家夜店，你就是經理，負責決定播放什麼樣的音樂、吸引什麼樣的對象，以及哪些人是黑名單。你招來的黑名單越多，其他人就越不想來這裡玩，夜店能否井然有序完全取決於自己。

夏梅的夜店建立在信任之上，她必須讓朋友不帶偏見地接受她，並且理解她的出身。夏梅是名黑人女性，但如果把「不帶偏見地被接納」這份需求完全歸咎於她的種族，就太過武斷。儘管如此，這無疑是其中的一部分。

美國非裔男子喬治・佛洛伊德因警察執法過當死亡之後，夏梅發現這類互動發生的頻率變得很驚人。佛洛伊德之死在全球引發一波波抗議活動，很多人理所當然地感到震驚和憤怒，甚至走上街頭發聲。與此同時，夏梅開始接到來自她幾乎不認識的人的電話和訊息，詢問他們應該做什麼才能成為「更好的盟友」。雖然夏梅認同他們立意良善，但內心深處不住懷疑他們是否真的理解「盟友」這個詞的真正含義。她告訴我，那段經歷「真的很不容易」。

夏梅：只因為你是他們少數的黑人朋友，所以那些點頭之交突然跑來跟你交流，真的很累人。我對真正的朋友不會有這種感覺，因為我們是對等的，基礎本來就有了。如果是親密好友來找我談論種族議題，我們當然應該好好談一談，因為這是基於平等的對話，你也知道我對此有所看法。

她也認為，一大群白人突然間注意到種族歧視問題，並不表示這股恐怖從來不存在。

夏梅：每天都有黑人死於不平等和不公正，所以我忍不在想為什麼喬治．佛洛伊德會比布倫娜．泰勒引起更大的反響？[2] 每個人都在談論佛洛伊德的事件。艾

2 醫務人員布倫娜．泰勒（Breonna Taylor）於二〇二〇年在一次拙劣的公寓突襲中被警察開槍打死，沒有官員因她的死亡而被起訴。

哈邁德．阿伯里[3]去世時，只有一位朋友傳訊息給我，跟我在佛洛伊德事件時收到的四百則有驚人的差距，但他們都被白人殺死了，他們只是很普通地生活，就這樣被白人謀殺了。

我告訴夏梅最近在讀《我們是真正的朋友》，其中一位作者艾米娜托．蘇是黑人女性，書中提起某次受邀參加另一位作者安．傅利曼的生日派對，蘇注意到所有其他客人都是白人，那一瞬間她感到一陣恐慌，一如文化評論家莫里斯（Wesley Morris）創造的術語——「陷阱時刻」。莫里斯寫道：「對有色人種來說，與白人建立友誼必須同時意識到，你隨時可能因為各種原因掉進種族歧視的陷阱，而且永遠難以預料。你不知道教堂中坐在身邊的那名年輕白人，會不會因為你的種族而打算奪走你的生命。」

儘管蘇和傅利曼是極其親密的朋友，但之前從未明確談論過種族問題，蘇在派對上的經歷開啟一場她們本來不會進行的深度對話。讀到這一段，我意識到自己也從未明確問過夏梅，是否曾讓她經歷陷阱時刻。

伊莉莎白：我可以問你這個問題嗎？

夏梅：可以，這題很不好答，我對社會環境跟大家的遭遇都滿有覺察的。我通常都是活動中唯一的黑人，我一直在為不同背景、種族等的人可以自在出席而奮鬥。

我不認為身在一個都是黑人場合，會因為種族相同就更能被理解。我之所以希望有其他黑人在場，因為這是人天生該有的機會，我不懂為什麼我們要因為膚色被排除在外，我的想法就這麼簡單。

我不會期望朋友們一定要有其他黑人朋友，我也在想這真的跟種族有關嗎？還是階級問題？身為一名中產階級黑人女性，我知道同年齡層有這樣社經地位的黑人很少，我是第三代，父母都在英國土生土長，但我同輩多數人的父母可不是這樣。

我的英國人身分跟黑人身分的比重是不分軒輊，但我們可以進一步問什麼是「黑人身分」？我有非常多疑問，認為問題並沒有那麼好回答。我也會想問：「我的亞洲朋友在哪裡？」我有很多白人朋友和黑人朋友，但缺乏其他種族的朋友。由

3 艾哈邁德．阿伯里（Ahmaud Arbery）是一名二十五歲的黑人男子，二〇二〇年在街上被白人居民追趕並開槍打死，他們被判謀殺罪名成立，並判處無期徒刑。

於我們社會的結構、不平等和種族問題，很難讓不同種族的人培養出相似的觀點。所以我不會用「陷阱時刻」來評斷你，我只會看自己是否有被平等對待。所以，你認為你在這方面讓我失望了？

伊莉莎白：我不認為，但我也知道自己不能這麼斬釘截鐵。我很看重你的直率坦白，如果某件事對你很重要，你會直說，這很有幫助。

夏梅：是的，但你對我也很坦誠。你經歷過我沒有經歷過的事情，而我經歷過你沒有經歷過的事情，這是一種平等，所以我看重的是你永遠不會和我一起如履薄冰，我也不必和你一樣如履薄冰，這意味著信任、誠實和真誠來自於此。

她這番話提醒我，薩塞克斯公爵夫人梅根在一篇專欄文章透露流產消息時，夏梅立刻發訊息說她想到我。這個舉動非常細膩體貼和溫暖，她知道幾個月前我經歷第三次流產，任何公眾人物公開分享類似經歷，都可能令我觸景傷情。雖然我很樂見有越來越多人談論為了懷孕而奮鬥的過程，但總會有情緒比較低潮的時候，而夏梅本能地知道這一點。我認為這是她有過類似的經驗，每次有黑人被誤殺的新聞，她心中的創傷就會重新浮出水面。我當然不是說不孕的痛苦可以跟累積幾百年的系統性歧視相比擬，但這是我第一次完全理解夏梅的同理心有多深刻——她因為知道所以能夠理解。

夏梅在四十歲時發現懷了一對雙胞胎，她選擇小心翼翼地告訴我也並非巧合。我對於社群媒體上源源不絕傳遞好消息的貼文或限時動態已經習慣了，有些準爸媽還會只傳一張超音波照片過來，上面寫著「分享近況」，我看了盡量不哭。這些都帶來很沉重的打擊感，但我也不是要怪他們，我只是講述個人的經驗而已。

一開始我會先表現得若無其事，畢竟那是他們的孩子。如果這樣想沒辦法讓我好過時，我會在內心憤世嫉俗地想「現在誰還舉辦產前派對，太浮誇了吧?!」等念頭。隨著我試管受孕失敗和流產的次數不斷增加，憤世嫉俗變成了苦楚：你們不知道不用擔心流產有多幸運、你們好命到不用顧慮那些懷不上孩子的人……最終，我放棄了所有的偽裝，去認真感受那些我極力掩飾的不舒服情緒。看到朋友們宣佈懷孕，我的內心深處是為他們感到興奮，但我不夠坦白。我意識到，人是有可能在為所愛的人感到快樂的同時，也感受到情緒上的傷口被拉扯。

我理解大家通常不知道怎麼跟難以懷孕的朋友互動，老實說我不覺得有規則可循，因為每個人的不孕故事都不相同。但我相信若願意採取比較「客製化」的做法，絕對能帶來不同。與其簡單發送群組訊息或在社群媒體發文，不如發送類似「我想先讓你知道……」、「我知道這個消息可能會給你帶來複雜的感受，但是……」這樣的訊息，對收訊人來說更有意義。收訊人也有時間在回覆之前先整理好自己的感受，若你是打電話聯絡，為對方保留一點空間也是非常有愛的行為。

夏梅兩者都做到了，她先傳訊息給我說有話要告訴我，這已經讓我感覺會是什麼事情。她打電話過來告訴我正處於懷有雙胞胎的最初幾周，希望我成為第一個知道的人，因為她知道這也會讓我產生矛盾的感覺。這是正向同理心的良好示範，她說話的方式是如此友善和體貼，讓我真的對她的好消息充滿了愛。她的表達方式同時認可和尊重我遭遇的痛苦，這也表示我不需要隱藏自己的情緒，讓我們都有空間來面對可能會有的情緒（意外發現懷了雙胞胎的心情也會很複雜）。

等夏梅的雙胞胎女兒出生時，她寄了電子郵件邀請我成為孩子的乾媽，覺得我可能需要可以想一想再拒絕的機會，但我其實迫不及待想成為這二位女孩人生的一部分，毫不猶豫地答應了。

像我和夏梅這樣的友誼很少見，因為你們需要相信彼此在情緒坦誠，而這不是那麼容易發生的。我一見到夏梅幾乎就知道可以全心信任她，我們很幸運只是偶然參加同一場晚宴就結下了不解之緣，因為我們的其他友誼都不見得有達到這個標準。夏梅心中有一類友誼叫「白葡萄酒星期三」，多半存在於大學或二十多歲的時候所認識的朋友之間。大家認識時都還沒有太沉重的責任，經常一起玩樂、度過醉醺醺的夜晚，但隨著年齡增長，都開始更加認真經營事業或者結婚生子，慢慢地彼此相處的時間越來越少。你們努力要讓小團體保持活躍，但每次邀約都要花很多工夫喬出大家都有空的時間，因為每個人都太忙了。

夏梅：你們最常約在周三，因為周二太早了，周四通常有工作，周五有其他安排，接著決定餐廳，這又要花很長時間才能確定。等到大家見到面，基本上是在分享每個季度遇到什麼事，像一份財務報告，整晚就是大家輪流分享生活近況。你會喝下很多白葡萄酒，但吃得不多，最後你們心中又會有滿滿的友愛——也可能有人會生氣自己沒有足夠的時間分享。

伊莉莎白：太準確了！而且還會宿醉得很厲害，這宿醉又讓你覺得後悔出席。

夏梅：沒錯，但我要澄清，我從來不會宿醉。不過一定會有遺憾，有時候你會想這個人在我生活中是扮演怎樣的角色？有時候你也會思考自己真的關心他們，真的想再約嗎？可是嘴上還是會做出這樣的承諾：「我們應該多約，你工作的地方離我超近。」然後再見面大概又四個月過去了。

夏梅提出了一個嚴肅的觀點：「白葡萄酒星期三」令人不滿意的原因是缺乏

深度。我和夏梅都不覺得這樣的談話是真誠的，所以也不可能彼此平等對待。

幾個月後，夏梅一家人從柏林到倫敦探訪，她和先生帶著女兒們來我們家吃飯，這是我第一次見到出生不久的乾女兒。我十三歲的繼女留下來一起用餐，我很驚訝夏梅能如此迅速地與她建立連結。孩子們非常擅長辨別不真實或任何虛假的氣味（一個精明的十三歲女孩可能是最擅長的，千萬別讓英國祕密情報局知道）。夏梅讓我繼女放下防衛心，夏梅直白地詢問了她想知道答案的問題，沒有任何隱藏意圖或心機，然後她分享了自己以前上課的回憶，兩個人還針對最佳的公車路線進行熱烈交流。

雙胞胎整晚都睡得很香，彷彿要證明她們真的美好得令人難以置信。她們醒來也沒有哭，而是對所有人露出了一模一樣的大大笑容。那個夜晚很長，充滿了笑聲、故事和精彩的談話，能再次和夏梅聚在一起真是太好了，這是白葡萄酒星期三的相反。親愛的讀者，那天是星期五，我們喝了黑皮諾紅葡萄酒。

友誼錄音帶

匿名

匿名，四十多歲，兩個孩子的媽媽。

身為母親一定會加入一些社交圈，比如「國家生育信託」社團。我們是八個人一組，本來大家應該差不多在同一時間生的，但有個媽媽比我們早四周分娩，必須自己先經歷所有的事情，比如分娩、餵母乳、恐慌發作和失眠，所以基本上我們其他人都靠她的經驗分享。

我們到現在仍然是好朋友，每年固定見面一次，我會特地去倫敦和大家吃午飯，因為我是讓這個小團體維持下去的人。我以為即使我不在，她們也會出來聚會，但其實沒有。我們都被生活拉著走，但那是一段曾經那麼密集往來的時光和友誼——她們看到我的胸部的時間可比其他朋友都還要多！

她們跟我是不同世界的人，但我們還是每年見面一次。這很溫馨，我們會再次分享非常私密的事情，但這一整年的交流就差不多這樣了。我們都有各自的事要忙，群組裡面會有一些訊息，但除了前述那個主要目的之外，我們並沒有太像一群好朋友。

說到我的女兒，謝天謝地她在學校交了新朋友。朋友的媽媽和我也越來越熟，她第一次出現在親子同樂會時，我就覺得我們會處得來，因為她沒有大費周章自己烤東西帶來，而是買了一盒現成的點心，她對這件事也展現出坦率的態度。

我也認識我兒子學校的一些媽媽，但是等他升上中學，我們應該不會再保持聯絡。我們都是在大門口遇到的，大家都很友善可愛，他們大概也覺得我人不錯，但我們的關係僅此而已。我們只是因為接送小孩才會每天見到，但這並不是深厚的友誼。不是我平常會跟人建立的那種友誼，朋友應該要是能夠一起慶祝所有生活中的好事。

08

假朋友

當朋友不想給你最好的祝福

與坦白直率的夏梅相反的友誼，則是令人困惑，永遠不知道自己會得到什麼。他們看到你成功會心生危機感，通常也不想讓你融入他們的生活，但會欣然與其他跟你不合的人結交。他們會引發不確定感，因為嫻熟於在「給予愛」和「冷漠疏離」之間快速切換。這類朋友擅長明褒暗貶和被動式攻擊，而且似乎無法真心為你感到高興。

學界稱這種關係為「矛盾友誼」（ambivalent），源自瑞士心理學家布魯勒（Paul Eugen Bleuler）的研究。他在二十世紀初創造了「矛盾」一詞來描述同時存在相互衝突的反應、信念或感受的狀態。矛盾友誼可能包含多種不同的衝動——他們可能今天很溫柔親切，第二天又很爭強鬥勝，這也是我們一般所稱的「假朋友」（frenemy）。

我這輩子吸引了很多假朋友，他們在背景和性格方面千差萬別，唯一的共同點是讓我覺得成為他們的朋友是一份無與倫比的珍貴禮物——這其實跟渣男渣女口中的「你再也找不到比我更愛你的人」差不多。你需要很多年的時間想法才能恢復正常，並且發現找不到第二個像他們的人是件好事，因為他們愛你的方式非常不健康，控制欲很強，而且又自戀。

我發現假朋友對於進入生活圈的人都有荒謬的超高標準。他們會批評陌生人的衣著、同事的口臭，或者剛剛約會的那個人音樂品味很差等，這些言行都是危險訊號。對我來說，順利通過這些測試、被認為「值得」他們的關注，感覺就像是贏得一場我從未意識到自己正在參與的比賽，讓人受寵若驚。

我朋友阿里非常幽默風趣，我們共度很多愉快時光，他是那種你本來同意下午三點見面喝個咖啡，最後會一路玩到凌晨三點才解散的人。然而他也很捉摸不定，多年來我注意到，只要我的生活進展順利，他似乎都視之為自己生活上的不足。他好像天生就無法認可我獲得的任何成就，如果他過得不如意，我還可以理解原因，但事實並非如此，他在事業上很成功，也有一段穩定的感情。

我的第一部小說出版之後，他一次都沒提過這件事，甚至在新書發表會上也是極少數沒買書的客人。有次聊到我的書，他不當一回事地說還沒看，因為這不是他喜歡的類型，我尷尬地笑了，因為不知道當下還能有什麼反應。雖然他立刻加一句：「只是開個玩笑啦！」但很明顯不是這麼一回事。我並沒有強求朋友都要看我的書，但是阿里這種高調故意的拒看讓我很不舒服。我後來出版了其他作品，對於我的第三本小說，阿里傳訊息說他「利用晚上洗澡的時間，快速看完整本書，讀起來真輕鬆」。

我不相信有人能在洗澡時間一口氣讀完整本小說，所以阿里要不是匆匆翻了一遍，認為這本書不值得他花時間，要不就是根本沒有打開來看。不管是何者，都讓我覺得他不太尊重人，但我沒有跟他爭，而是再也沒有提過我的書了。

很多時候，假朋友會打著幽默的幌子說一些刻薄的話。我和第一任老公訂婚時，阿里尖酸地說很驚訝我能找到人來「接收這種貨色」，看到我一臉受傷的樣子，他又捏捏我的肩膀說只是在開玩笑。那時的我害怕被認為沒有幽默感，所以勉強地笑了笑，告訴自己不要那麼敏感。

我了解阿里的被動攻擊是來自於根深蒂固的不安全感，我對此頗有共鳴，所以才保持這段友誼。阿里慷慨的時候也是很大方，他曾經送我一朵美麗的蘭花，只因為「讓我想起你」。雖然他在面對我時不總是那麼體貼，但我從共同認識的人那裡得知，他在背後很保護我，這對我來說意義重大。

我很感謝這些出乎意料的舉動，也因此認為阿里會對我越來越好。每次得到他充滿愛的關注，那溫暖的目光實在是太美妙了，一旦他收回這些關愛，我都會認真思考自己做錯了什麼。直到有一天，另一個朋友問我為什麼要忍受他。

「他很刻薄耶。」她說。

「不是，他不是刻薄的人。阿里就是這個樣子。」

「他對你這麼差勁，到底為什麼要跟他當朋友？」

那時的我無法解釋，但現在我意識到，這有點像是遇到約會對象並沒有那麼喜歡你。阿里在貶低我的時候，我想證明他錯了；他關心我的時候，我想要不辜負他的信任。我不清楚自己是誰，所以太依賴透過他對我的看法來證明自我。

我對這種友誼的需求顯然深植內心，所以阿里搬到距離倫敦三小時車程外的郊區，讓我有機會更深入思考。保持距離對我們都有好處，離開相同的社交圈讓阿里不那麼好勝，搬到安靜寂寥的小村莊也讓他更珍惜我的友誼。他會提前幾周約我共進晚餐，見面時很想聽我的近況，偶爾會有舊阿里的身影浮現出來，但總的來說，我們之間的互動更順暢。這也表示只要他說刻薄的話，我會更快注意到——那我為什麼要忍受呢？

人要是在變幻莫測的情緒和緊張氛圍中長大，很容易習慣將「愛」與「不確定性」劃上等號，並認為永遠無法確定自己會得到什麼，這種想法也對你的感情觀產生極為巨大的影響，導致你成年後可能進入一段充滿情緒暴力和控制的關係。例如你的伴侶可能生性善妒，一直檢查筆電、手機，確認你沒有跟前任偷偷聯絡，又或者伴侶認為你應該感激他願意跟你在一起。讓我們想像一下，某次你表示不方便在周末幫忙照顧他的孩子，他暴怒之下推你去撞牆，甚至舉起手好像要打人，你嚇到只能說出「你打啊」，他突然回神放下了手臂；第二天，你選擇主動道歉示好。

伴侶宣稱這都是因為他太愛你了，就跟電視劇中講的一樣，但你接下來就安慰自己事情並沒有那麼糟糕，他又沒有真的動手，而且分手談何容易？由於他容易生氣，你大部分時間都跟他在一起，只能試著盡量不去激怒他——你很擅長逃避去面對真正的問題，這是你最重要的生活技能之一。那些你懼怕之處，你可以選擇將其視為愛。

但是這樣的事情一再發生，最終你鼓起勇氣收拾行李離開。心理的復原期很長，需要數年時間才能解開，明白愛是接受而不是挑戰，熱烈的情緒該出於安全感而不是憤怒。然而復原期間的你很脆弱，容易受到各種有著相似元素的關係吸引，假設這時出現一位朋友，有時對你非常好，有時顯得疏遠，有時會對你生莫須有的氣，你會不會再度把這些行為與愛混為一談？

⊙ ⊙ ⊙

我著手寫這本書就是因為市面上關於友誼的語彙太少了，在這個段落，我又再次觸及與浪漫愛情有關的詞彙。我想這是因為根源於不確定性的「矛盾友誼」，與社會中對「追求」的傳統錯誤觀念非常相似。在經典小說、電影或歌曲中，愛情常隨著雙方之間的情感拉鋸出現高低起伏，在結局出來之前，沒有人知道對方到底對自己有何感覺。小說《傲慢與偏見》中的男女主角——達西先生和伊莉莎白就是很典型的例子。作家珍．奧斯汀將他們的故事寫得如此優美流暢，他們之間的試探、攻防讓人心跳加速的程度，不亞於任何懸疑小說。

我們在基礎教育中學到的西方經典文學，作者主要都是男性，因此友誼這個主題幾乎沒有受到關注，就算有也常是男性之間那種偏冷淡疏離的互動，多半跟公事有關。

以終生友情為題材的成人小說少之又少，這就是為什麼我第一次讀到艾琳娜．斐蘭德的「那不勒斯故事四部曲」，會覺得這套書非常具有革命性。四本書的時空跨越五十年，講述來自那不勒斯的女孩——艾琳娜和莉拉的故事，她們的人生如何在經歷教育、政治、愛情、女性主義、家庭和理想抱負而相互交織又分歧的故事。兩名主角深愛彼此，但又無法避免在某些時候彼此厭惡或者嫉妒、憤怒和失望，這是我讀過的對友誼矛盾心理最生動和最有說服力的刻畫。

以四部曲的第一部《那不勒斯故事》中的這段話為例，艾琳娜回憶她們小學時代的描述：「莉拉會認字也會拼字，老師在那個灰暗的上午向我們揭露這件事的時候，我最記得的是這個消息給我的無力感。」艾琳娜知道應該為她喜歡的朋友感到高興，但她還是充滿怨恨。對她們來說，競爭是這段友誼不可或缺的一部分，因為她們都渴望擺脫貧困家庭的束縛，而機會取決於誰能成為最優秀的學生。所以艾琳娜因為莉拉超齡的閱讀能力而喪失不少自信，這也是為什麼非常多年以後，她會開始思考這段友誼的雙重性：「我建立了趨同和分歧，在那段時間裡變成了一種日常練習：我在伊斯基亞島過得越好，莉拉在荒涼的地方就越糟糕；離島後我受的苦越多，她就越開心。就好像，因為一道邪惡的咒語，一個人的快樂或悲傷需要靠另一個人的悲傷或快樂來互補；在我看來，我們的身體甚至也參與了這種一正一負的擺動。」

趨同是將我們聚集在一起的力量，而嫉妒、怨恨和分歧將我們分開。斐蘭德傳達出支撐這種友誼的強烈情感，有時我們會忘記自己和對方的界線，要解決這個問題必然涉及從對立面觀察自我：艾琳娜只能透過與莉拉分開，才能定義何謂自我，並達成自我實現，這也正是這段友誼中的致命缺陷。在完結篇中，艾琳娜反思「人與人之間的緊張關係都充滿陷阱」，認為她與莉拉的友誼「輝煌燦爛，卻也暗影幢幢」。

斐蘭德精確指出「矛盾友誼」中的燦爛與暗影，事實證明，這種友誼就像有毒感情關係一樣，對我們的情緒和身體健康有害。

美國心理學家霍爾特—朗斯戴（Julianne Holt-Lunstad）和內野（Bert Uchino）進行過一項有趣的實驗。他們要求一百零二名受試者佩戴血壓計三天，並登記每一次超過五分鐘的社交互動，記錄他們的感受和反應。兩位學者發現，受試者必須跟討厭的人互動時，血壓會升高，更有趣的發現是，互動對象若是有著矛盾情緒的朋友，血壓甚至比跟單純討厭的人交談時還要高。

兩位學者認為這是因為我們對單純厭惡的人不抱什麼期望，相較之下，這些變幻莫測的假朋友則讓你懷有一點期待，因為有時他們真的很善良、有愛心又大方。他們會點燃你的希望，又無預警地吹滅。

霍爾特—朗斯戴和內野在這個領域持續進行多項研究，二〇一四年霍爾特—朗斯戴寫道，矛盾友誼中「同時存在的積極性和消極性」與更高的憂鬱機率和心血管系統壓力有關。內野則發現，一個人擁有的矛盾關係越多，體內「端粒」縮短的可能性就越大。端粒是保護我們染色體的特殊結構，位於染色體末端，就像鞋帶尾端的塑膠套。它與人體細胞的衰老有著重要關係，端粒越短就越容易罹患心血管疾病、癌症和傳染病，死亡率也會上升。

簡而言之，假朋友對你的健康有害，甚至比跟你討厭的人相處更糟糕。對我來說，辨別矛盾友誼最明確的方法是記下我跟對方見面之後的感受。假設我們理論上度過一段快樂時光，但我卻莫名感到筋疲力盡，情緒低落，那麼這樣的朋友很可能就屬於這一類。專家無疑會建議我將這些朋友踢出生活圈，但是我有迴避衝突的傾向，又有交友成癮的問題，只要對方展現出一絲絲的好意，我就很難下定決心分手。艾拉和貝卡那樣的事情偶爾會發生，但我結束的友情一隻手就數得出來。

有天晚上我結束跟阿里的晚餐聚會回到家，決定坐在廚房裡喝杯茶抒壓一下。

「怎麼樣？」賈斯汀問道。我嘆了口氣，心情有點鬱悶，然後開始說出聚餐時所感受到的輕視和被動攻擊的炮火。阿里的每一句話都讓我感覺自己又蠢又魯，他用盡辦法削弱我的自信。

「別問我為什麼要跟他做朋友。」我知道賈斯汀已經在想這個了。「他最近過得很辛苦，但有時他人真的很好。」

賈斯汀在我對面坐下，點點頭，有幾秒鐘沒說話。「當你悲傷時，他感到開心，當你開心時，他並不為你開心。」

他說的對，我開始明白真正友誼的基本原則之一是具備慷慨大方的精神和有意義的互惠，但我還是忍不住辯解：「但他沒有那麼多朋友或家人在身邊，我為他感到難過……」我沒把話講完，發現聽起來太可悲了，而且阿里才不希望我可憐他。

賈斯汀說：「好吧，那你就當成在做公益好了。我每年都會花時間和金錢去做公益，你何不乾脆就這樣看待和阿里相處的時間？你正在為他做好事，因為他有需要而且可能也會從中得到益處，所以沒有回報也沒關係，做善事本來就不求回報。」

這個看法微妙地有點道理。雖然我多少對「做公益」的想法不安，感覺站在高人一等的位子上四處分發我的友誼金幣，然而越是深思就越能看到它的吸引力。我不認為和阿里的友誼真的是這個樣子，但它確實幫助我重新定位這段友誼，使之更讓人愉快。

我不再期望得到任何回報，更重要的是，不會再受到傷害。這有點像玩累的孩子賴在超市的糖果餅乾區耍脾氣，好父母會明白孩子的行為並不是清醒理性的，而是反應出他們無法滿足的願望。我不認為阿里知道自己在做什麼，就像我學會如何從過去受傷的關係中駕馭情緒，阿里同樣也有自己的情緒課題要面對。察覺到這一點，我決定耐心等待並選擇往好處想，也許我最終會成為比自己想像中更好的朋友。不期待任何回報代表當我感受到他的守護和支持時，會是令人愉悅的驚喜，而不是在已經化膿多年的傷口敷上微不足道的膏藥。

所以，阿里和我仍然是朋友，我選擇看重他是怎樣的人，而不是抱怨他不是怎樣的人。我對我們友誼中的矛盾抱持覺察，也判斷這段友情的輝煌燦爛足以包容暗影幢幢的部分。儘管我尊重心理學家的研究成果，但總會懷疑終結我與阿里的友誼，對我的健康更會產生負面影響。斐蘭德是對的，也許有些友誼注定會長久，即使你的端粒很短、壽命不長。

友誼錄音帶

馬克

馬克．福特，五十八歲，前電視台主管和男同志三溫暖的共同經營者（與他的丈夫傑森一起經營）。

我沒有那麼多朋友，講出來幾乎是個笑話。我從沒真正主動交過朋友，我交到的朋友通常是因為我先對他們有好感，後來才變成友誼。如果我允許某人與我交朋友，就表示他們要先發起追求攻勢。我認為友誼需要時間才能自然發展起來，但就難在找到讓它自然發生的機制……你很難直接說「我要成為你的朋友」，而是必須找點事情一起做，但這又感覺有點假掰。

我和先生擁有一間男同志專用健身房和三溫暖，這是一個非常寬容和開放的環境，但我仍必須謹慎對待周遭的人，因為他們大部分都是我的員工。工作場所必須公事公辦，所以不能談友誼。

我認為很多男同志會發現自己最適合跟異性戀女性（或女同志）當朋友，因為雙方對彼此沒有性需求，除了都對男性有興趣以外。所以可以有話就說，感覺很舒服。

直男彼此要交朋友就已經夠尷尬了，但我認為男同志更難交朋友，因為很容易搞不清楚是在認真約會、想約炮，還是單純當朋友，事情很複雜。

09

生育能力

沒有小孩，
但你所有的朋友都有

我多次提到自己在生育能力方面的問題，避免稱之為不孕症，因為感覺過於批判而且也不精準——我並不是無法懷孕，而是難以懷孕到足月。我也不喜歡俗氣的「求子之旅」，然而這兩個詞彙是最常用的，因為「生育能力」就像「友誼」一樣，相關的詞彙非常有限，幾個世紀以來幾乎不曾好好談論過，所以我可能最終還是會用到。

關於我生育能力的話題不斷出現的原因是，過去十年的歲月中它像是我的人生畫布，其他一切都在這個基礎上揮灑——每段友誼、每種情感、事業成敗的每一個時刻。日常生活籠罩在它的陰影下。我對孩子的渴望不僅塑造了我的女性身分，這也是我身為女性的目的。我每一天都在思考這件事，日日夜夜與悲傷、恐懼和焦慮對抗，同時在樂觀情緒消退時，還要鼓起勇氣保持希望。

一名為生育而戰的女人，必須穿上由各種相關聯但又互相衝突的觀念所組成的盔甲：靈性導師請我們保持正向樂觀，才能顯化孩子來到我們身邊。與此同時，醫生則告知我們對藥物沒有反應、卵泡不正常、荷爾蒙指數太低、年紀太大、子宮形狀不對……面對這些失敗，唯一的建議是繼續嘗試，即使很可能會再次迎來失敗。我永遠不會忘記有位生育諮詢權威在聽到我流產三次之後，只是輕鬆地建議我繼續嘗試：「我太太流產了十次，但我們最終還是成功了，請堅持下去。」

說得好像是我還不夠努力，好像流產十次是忍一下就過去的小事，好像女人只不過是承載痛苦和機會的容器。

我們被告知要懷有希望，但同時也要限制期望，這樣就不會失望，生活在這種模稜兩可的狀態中令人筋疲力盡。我們承受著這股重擔，即使有最終的解決方案，也永遠不會忘記已經深入靈魂的無盡創傷，這是我們生活的一部分。

我之所以想專門談談嘗試懷孕的經驗，而不是那些領養小孩的父母或即使沒有孩子也過得很圓滿的人，因為我無法從第一手資料的角度來談，這樣會顯得虛偽不實。

分享我所經歷的一切，代表重溫生命中最黑暗的時期，但這也是我理解和賦予這段過程意義最純粹的方式。事實上，想要討論我的友誼，就絕對必須包含這個部分，因為和朋友之間針對這件事的互動，對我理解朋友是什麼至關重要。

⊙ ⊙ ⊙

為了防止疫情擴散，英國進入首次全國封城，那時發生一件小事，我的月經遲到了，雖然只有一天左右，但我的經期通常很規律。腦海裡立刻蹦出一絲絲的可能性，會不會是……？隔天下午，我特別用昂貴的驗孕產品來確認，結果看到的是殘酷的判決「未懷孕」，這行小小的字彷彿在嘲笑我想太多。

我遇到賈斯汀的時候已經三十九歲，所有的報告都顯示我的生育能力衰退，想自然懷孕極其困難。如果真的發生了我們會很高興，但不抱特別的期待。那個時期沒有孩子讓我感到悲傷，這是一種無聲的悲傷，我想自己也許可以忍受。

因此四十一歲能自然懷孕就像是奇蹟一樣，我意識到一直在壓抑自己的渴望，因為害怕再度失望。我們都很高興，但賈斯汀比我自己對我更有信心。我知道事情可能出錯，非常焦慮，而他是三個健康孩子的父親，沒有同樣的擔憂，對一切非常樂觀，我差點就被他說服了。這讓我在第七周流產時感到雙重內疚，一來是無法保住我們的孩子，二來是我讓賈斯汀被迫加入一個沒有人願意進入的團體。

有人說孩子常教會你你需要知道的事物，那次懷孕讓我們夫妻明白，我們遠比自己以為的更想要小孩。我意識到需要一些幫助，我最好的朋友艾瑪研究了世界上最頂尖的生殖醫療機構，並傳給我一家希臘診所的詳細資料。

這家診所有三點很吸引了我，首先是費用比英國便宜得多，其次是它提供一站式服務，你可以早上做諮詢，下午就進行任何需要的療程，而大多數的英國生殖診所會把你轉介給不同醫院的專家。最後也是最重要的一點，它是由一位女性經營的，這很罕見。我覺得很諷刺的是，在一個主要對女性造成影響的醫學領域，看診醫師絕大多數是男性。並不是說他們不專業，只是天生的同理心畢竟有其侷限性，很少有男人能了解經痛，更不用說流產了，就像我永遠無法完全了解睪丸被狠踹一腳有多痛苦。

我打電話給希臘診所的負責人亞歷珊卓時，馬上被她的熱情所打動。她自己也承受了多年的生育困擾，因此能夠用中性的語言來描述我的情況。我告訴她我有「心形子宮」，子宮頂部有一個深V形凹陷（或說內部有個中膈），大約百分之三的女性有這樣的先天性異常。亞歷珊卓拒絕稱之為異常，她請我把子宮想像成一個美麗房間，需要先為寶寶做好準備，而這個房間中有漂亮的柱子，若能移除將會為胚胎提供更多發育空間。她的說明用語親切又簡單，這樣的方式描述讓我立刻擺脫了對自己身體的失望。

以前有些醫生說心形子宮也許是導致我容易流產的原因之一，只是沒有明確的證據，所以我只能繼續跟它共存。亞歷珊卓則認為這可能就是我反覆受孕失敗的原因，因此我和賈斯汀搭機飛往希臘看診。亞歷珊卓本人跟電話裡一樣熱情，並且越來越肯定最佳行動方案是透過手術去除子宮內的中膈，幾個小時之內就安排好第二天在當地一家醫院進行。

第二天早上到了醫院，他們給我一件長袍和要填寫的表格，有人用聽不懂的語言和我說話，然後推著我上輪床帶走了。賈斯汀焦急地坐在等候區。這一切發生得如此快速，讓我瞬間驚慌失措，把自己交給一個還沒有見過的外科醫生是否不明智？但現在也來不及了。

亞歷珊卓當天晚上就把我們送回倫敦，我仍然因全身麻醉而頭暈目眩，但很高興能夠回家。後來的掃描顯示手術很成功：我的隔膜從七毫米縮小到略低於二毫米。我之所以介紹這些背景故事，就是為了凸顯在封城期間的感受有多不真實。我傳訊息給艾瑪告訴她月經遲來和驗孕的事。

「也許明天早上再做一次，確保萬無一失？」她回覆。我照做了，這一次顯示我懷孕了，更確切地說是懷孕兩到三周。我上樓告訴在家工作的賈斯汀，我們都很震驚。在這個世界面臨前所未有的危機、充滿未知恐懼的時刻，發現自己懷孕真的很奇怪——尤其是有長期不孕史的我，更是怪上加怪。

接下來的幾周讓我茫然又困惑，既處於半否認狀態，同時又敢於相信因為上個月的手術，這次懷孕會順利。再加上疫情讓我刪除了很多不需要的社交行程，讓我更能放鬆，感覺有如天上掉下來的禮物。我也通知亞歷珊卓這個好消息，她請我去做血液檢測以便掌握黃體素數值，並寄來了肝素的處方箋，肝素是一種抗凝血劑，可以防止血栓生成。我開車穿過空蕩蕩的倫敦街道去驗血，感覺就像世界末日一樣，除了陽光明媚，天空湛藍。血檢結果讓亞歷珊卓很滿意，黃體素濃度正常上升，一切似乎很順利。

七周後我們進行超音波掃描，我躺在診療椅上握著賈斯汀的手，做好最壞的打算，過往做超音波掃描對我來說都不是什麼快樂時光，但這一次奇蹟發生了——超音波技術師笑著告訴我們好消息，胎兒發育正常，也讓我們聽寶寶強勁、健康的心跳。我們收到一段有聲音的影片，回家後又聽了一遍，相互擁抱著又哭又笑。

我們全家人都鬆了一口氣，我終於放鬆下來好好感受這次的懷孕，我注意那些以前故意忽略的症狀，如乳房脹痛、咕嚕咕嚕叫的胃、急需在夜間小便。過了一周我們回診，我出於習慣感到非常焦慮，超音波技術師說這次檢查只是保險起見，於是我經歷了同樣的流程。

然後發現一片靜默。沒有心跳。

技術師停頓得有點久，她將超音波棒向左轉，然後向右轉，然後又轉回來，她說：「我很遺憾。」賈斯汀倒抽了一口涼氣，而在我內心最深層黑暗的角落中，我告訴自己早就知道會發生這種情況，卻天真地以為這次會成功，讓自己懷抱希望。

「可是我還是覺得自己正常懷孕中。」我說。

超音波技術師和善地說：「這種事很常發生，因為你體內荷爾蒙的關係。你在這裡休息一下。」她離開了房間。

我不認為我在哭，但我哭了，雖然早已經習慣，但曾經以為會有的美滿結局讓我非常失落。我有兩個選擇，要不等待自然流產，要不就是吃藥加速流產。由於疫情的關係，無法透過外科手術來進行，所以我選擇藥物流產，這能早點讓頭腦清醒，我受夠身體以為自己還在懷孕的混亂感。

我回家上網搜尋藥物流產會發生什麼事，論壇上的討論令人很不安，還有一位經歷過的好朋友傳訊息說可能會很痛，要我千萬不要驚慌。接下來的二十四小時是我經歷過最殘酷的時刻之一，這是我三次流產中最嚴重的一次，這些藥片引起劇烈的疼痛，讓我忍不住吐了出來，還好在一波又一波的疼痛高峰之間，有些間隔讓我可以稍作喘息。我覺得賈斯汀在家工作真是太好了，他會出現在床邊，握著我的手，詢問可以幫什麼忙。他的存在本身就提供了難以置信的安慰，但這是一段孤獨的旅程。

這就是我最真誠的朋友現身的時刻，讓我可以找回自己的所在。艾瑪經常透過訊息或視訊跟我保持聯絡，她還特別打給賈斯汀確認我有沒有假裝自己還好，在接下來的幾周裡，他們兩個也如此密切地關愛著我。加入這個行列的還有其他人，貝蒂和辛妮主動提議幫忙購買生活用品，並留在我們家門口。她們是開車過來，我透過臥室的窗戶揮手致意，為這份好意感到無比幸福。羅亞留下了一個裝滿鬱金香和茄子的手提袋，還有我多年未見的朋友莎莉，我們幾天前很巧地上同一堂線上孕婦瑜伽課，她特別開車過來留下一束美麗的鮮花。更別說其他我愛的人傳送了數不清的簡訊或提供實質幫助，他們是真心想一同分擔我們的悲劇，並告訴我們他們真的很遺憾，這就是我需要聽到的，這是最有愛的話。

在過去的幾年裡我學到的是，在這種情況下，友誼的重點不是做了什麼，而是陪伴本身。那些茄子和鮮花真的讓人感到很窩心，但真正的意義藏在行動背後，這些行為意味著正視並承認我們正在經歷的事情。太多時候講到流產話題常常只有一片沉默，大家急於轉移話題掩蓋事情曾經發生。我認為願意承認這些短期懷孕，對我們雙方來說很重要。

知道有人把我們放在心上，對我的復原幫助非常大。不孕症是一種難以大聲說出口的悲痛，哀悼在誕生前結束的孕期，就是在哀悼一種空缺。在得知驗孕結果的那一刻，你就會情不自禁開始想像自己與孩子的未來，那種為人父母的憧憬會伴隨著荷爾蒙變化，開始構思要幫孩子取什麼名字。

獨自面對這種缺失時會感到無所適從，懷疑這一切是不是自己想像出來的。這就是我第一次流產時的感覺，那次的經歷也很類似——第七周看到的心跳在第十二周的產檢前消失了。那時我不明白自己正在經歷什麼，試圖忽略它，加上那段婚姻正在破裂中，我需要先解決這個問題。我延後去感受這股悲傷，甚至是否認它，因為不相信值得花時間去哀悼從未擁有過的事情。

我不記得第一次公開談論生育能力問題是什麼時候，但是決定這樣做之後，讓我的失去獲得了重量和形狀。令我驚訝的是，成百上千的女性（和一些男性）跟我聯絡，說我的話語非常寶貴，他們從中看到了自己的經歷，覺得自己被聽見了。就好像透過說出我們的集體悲傷，我讓那些失去的嬰兒有了具體的存在。我意識到，那股自己曾引以為恥的深刻感受，其實是更為普遍的心聲。這讓我感到不那麼孤單，我第一次明白，在脆弱的火焰中可以鍛造出團結的力量。

暢銷作家布芮尼．布朗說過：「羞恥感在說出來後就被消滅了。」她是對的，我一開口就停不下來，我個人的失敗感消失了，共享成為一種必要。我越是敞開心扉，其他人也越向我敞開心扉，我覺得被看見了。我說得越多，身邊那些從未經歷過生育問題的親密朋友就越能理解，也越知道該怎麼應對。

悲傷讓人不舒服，而且看起來很刺眼，大家常常不知道該說什麼，因此寧可保持沉默以免造成進一步的傷害。其實說錯話不會加劇悲傷感，悲傷本身是壓倒性的，不會有比現在更糟糕的事發生。透過公開討論我的流產，我認為這減輕了我所愛之人擔心自己說錯話的恐懼，他們現在知道說點什麼比什麼都不說更重要。我也在全國性的報紙投書，標題是〈關於我的流產你不該說什麼〉，告訴大家永遠可以說「我聽到這個消息覺得很遺憾」，就這麼簡單。

我的密友們顯然都理解這一點。他們對我的愛有多深切，一直讓我感到驚訝，這像是一支永不熄滅的蠟燭，他們會記住我原本的預產期，如果看到共同朋友開始瘋狂曬小孩照片也會提醒我；他們會在母親節傳訊息給我；當我淚流滿面時，他們會擁抱我。他們也很小心別讓自己的孩子刺激到我，老實說有時候太過小心了，變成我還得特別提出要求想看看這些小朋友。

不孕症最常見的不公平之處在於，在你努力受孕懷胎的同時，其他同年齡的人似乎輕鬆就達成了。我記得有次跟一位剛懷孕的朋友討論她可能遇到的焦慮，我本來想告訴她我都能理解，懷孕初期充滿不確定性，為此擔憂沒有關係。她說：「我真的很擔心如果懷的是女兒，要怎麼在這個時代把她培養成一個有能力的女人。」我愣住了，只見她繼續說道：「我有三個弟弟，所以我照顧寶寶的經驗大都是男生，跟養育女兒很不一樣。」

我驚訝於原來一般人會這樣想，他們可以確定懷孕過程不太會有什麼狀況，所以能夠開心地預想孩子出生之後好幾年的生活。他們擔心的不是流產或妊娠併發症，而是往後該如何撫養這個孩子。這種平靜的確信是我很陌生的。

在這個社會變革的時代，大眾理所當然地談論了很多特權帶來的迫害，但幾乎沒有人承認生育特權。我們這些經歷過這段複雜旅程的人都非常清楚它的存在。如果大家會批評刻意曬豪宅名車照片的人是在炫富，怎麼沒想過曬小孩的照片也會對人造成傷害呢？這不就是缺乏基本的同理心或察言觀色的能力？

不幸的是，我為懷孕生子苦苦奮戰時，恰逢二〇一〇年代網路上的「媽媽熱潮」。網路為媽媽們提供跨越國家和時區交流的空間，一時之間西方流行文化中充斥著媽咪部落客，媽媽網紅會在Instagram上業配有機棉製的嬰兒服等產品。新聞媒體則瘋狂捕捉名人生育的每一個細節，包括懷孕照片、獨家的新生兒長相曝光，以及對名女人產後身體的仔細觀察，從男性記者的角度來評論誰最快恢復原本的身材。

這都顯示我的人生階段與大多數朋友所處的階段有著不斷擴大的差距。他們大多數都積極想要生兒育女，其中有一小群人甚至忙到沒有時間追求育兒以外的事物，包括友誼，因此他們期望我主動提出邀約或上門拜訪。那時我還沒有公開談論自己的問題，所以他們猜想我應該有很多空閒時間，努力維持友誼的義務就落在我頭上，因為他們忙著養育小孩，這可是最具挑戰性的身分，生活中其他所有事情都必須圍繞著這個核心打轉。他們說除非我親身體驗過，否則無法理解，同時又說我很幸運，還可以自由自在過日子，不像他們要忙著追奶、餵小孩、哄小孩，每天睡眠不足。

我被許許多多當父母有多不容易的資訊淹沒，同時又被灌輸這是最非凡、最幸福、最能改變一生的成年儀式，沒有其他的愛能比得上親子之愛，像我這樣的女性只體驗到一半的人生而已。我盡了最大的努力成為身旁所有擁有孩子的人的好朋友。我帶著精心挑選的玩具和中性的白色嬰兒鞋慶祝新生兒的誕生，我會去參加一歲小孩的生日聚會，或者參與公園野餐，看手忙腳亂的朋友追著不受控的幼兒到處跑。每次他們讓我抱小孩的時候，我都擔心自己會做錯什麼惹得小寶寶開始尖叫哭鬧，然後引來路人不必要的懷疑眼光……我發現嬰孩們清新的奶香是很親密的氣味，深植於父母與孩子之間不可觸及的紐帶中，每每讓我幾乎無法呼吸。很久以來，我總以為不喜歡和別人的孩子在一起，就表示我沒有母性，覺得自己真是不知感恩、自私又沒用。

我花了很多年才明白可以說出我沒有孩子的感受。開始談論發生在我身上的事情，清楚呈現出哪些朋友可以支持我，哪些人則無法理解（或者選擇拒絕理解）。大家常說，成為父母會使友情發生不可逆的變化，道理很簡單，孩子剛出生的時候你需要同溫層的支持，孩子日漸長大，你也需要有人可以討論學區和3C產品使用規範等問題。經營家庭可不容易，剩下的寶貴時間所剩無幾，很難跟不在相同人生階段的人建立友誼。我也發現「不為人父母」會不可逆地改變一段友情，誰在乎、誰不在乎一目了然。

比方說，艾瑪總是會抽出時間和我單獨相處，我從來沒有要求她這麼做。我如果周末去她家，她會請先生帶孩子半小時，讓我們兩個可以不受打擾地喝咖啡閒聊。說起來不難，但幾乎沒有人為我這樣做過，我向艾瑪表示感謝，她說這也是她最想做的事情：透過保留me time，以便能夠與我保持連結。

艾瑪也從沒請我幫忙照顧她的孩子，這是很多沒有小孩的女性經常遇到的要求。或許有些沒有小孩的人很樂意，但多數來說我們想要的都是「自己」的孩子，所以期望我們樂於照顧你的子女，感覺像是在傷口上灑鹽。艾瑪邀請我擔任她一雙兒女的教母時，明確表示她不希望收到禮物或者我勉強自己出席。她也會向我尋求育兒建議，尊重我作為一個考慮周全的人的意見。這些行為讓我覺得自己在她的生活中仍有意義，我因為我是誰而受到重視，而不是因為我有沒有生孩子。

我很幸運還有其他密友也願意為我做到這些事。他們接受我可以提供的東西，從不讓我為自己無法提供的東西感到愧疚。他們有時候非常在意我的感受，甚至會注意到我完全忽略的事情。有次我、艾瑪和共同朋友一起吃晚餐，我提到最近正在接受新的療程，我們繼續聊下去，艾瑪提到兒子湯瑪斯最近成為學校的風紀隊長，我聽了很高興。幾分鐘後，我注意到艾瑪的話變少了。

「你還好嗎？」我問。

「我剛剛發現自己提到湯瑪斯的事情，想到你最近的經歷，可能不想聽這些。」

我立刻安慰她：「天啊，不要這樣想，我很喜歡聽湯瑪斯的事，我甚至沒有往那方面想。」但我非常感謝這種體貼。我不希望朋友對我隱瞞為人父母的快樂，如果他們需要傾吐育兒難題，我也不會覺得這樣做很白目。我反對的是非黑即白的想法，育兒生活不是只有粉紅濾鏡，也不是只有煩惱跟睡眠不足等痛苦，這兩種心態都是排他性的。如果要用一個詞來概括艾瑪的態度，那就是「關心」。艾瑪跟其他這樣的朋友會照顧並認同我的感受，或許更好的說法是「讓我感覺受到平等對待」。

其他人則沒有，不是繼續輕率地邀請我參加他們家的親子活動，就是抱持過度氾濫的同情，讓人喘不過氣來。我發現同情和憐憫之間存在差異，善意的體貼和自以為高人一等的思緒之間存在差異。艾瑪是前者的最佳範例，屬於後者的朋友則會擅加揣測。例如，他們會假設我永遠不可能生小孩，對我說出「我相信你可以學會忍受這種痛苦」、「沒有孩子也有好處，你可以隨時出國度假」或「你能夠放手拚事業，當上媽媽就很難了」這樣的話語。

有次我在婚禮上跟一位有過幾面之緣的女人聊天，我們喝了很多香檳，我發現自己開始講到自己的生育難題，而她很快就分享最近生第一個孩子的故事，她覺得分娩是一種高潮狂喜，是進入更高一等的愛的大門：「你從來沒有了解過這麼深刻的愛！」

我想回答，對的，我沒有。但我經歷過很多你永遠也不會理解的情緒；你永遠不會知道我的這種特別的悲傷；你永遠不會知道反覆流產的具體損失；你永遠無法理解你對從未存在過的孩子的愛；你永遠不會理解希望的韌性，以及讓你意識到創造和再創造的力量遠遠超出了精子與卵子相遇的生物學可能性；你永遠無法獲得我和數十萬有相同遭遇女性之間的連結，你也不會理解我從中獲得的勇氣。但我什麼都沒說，畢竟這是一場婚禮。我跟著碧昂斯的〈瘋狂愛戀〉跳了支舞，試圖擺脫這種失落感，但我沒辦法完全擺脫。不假思索的話語會留下印記，就像一串沉重的腳步踐踏你的希望，折斷它們的枝幹；希望可以再生，但每次都需要更多的精力，更多的耐心。

我知道必須放手這些友誼，這是不可避免的。正如他們無法理解我一樣，我想他們大概也覺得我是故意拒絕理解他們的難處。這是一座我們都無法跨越的橋梁，而當我明白這一點時，已經來不及彌補了，就讓它過去或許比較容易。

我敢肯定，這些前朋友無法理解為什麼我們的友誼會越來越淡。他們也許會說我自私、莫名其妙或很傷人，總之就是把責任都推到別人或外在因素上，成為父母可以拿到的一塊免死金牌就是不太需要自我反省。光靠「有孩子」這項事實就足以讓你在社會上變得更重要，讓你的觀點更有說服力，讓你的選票受到政治人物的追捧——為人父母是完整體驗人生的通行證。很偶爾他們會願意傾聽，但我也找不到合適的詞，因為從頭解釋起來太痛苦了，也太多無邊無際的、難以傳達的細微情緒。

也因為生活充滿了矛盾，我發現自己比過去都更渴望朋友的陪伴，以抵禦內在恐懼。如果沒有孩子，誰會在晚年陪伴我？所以我忍受了很多，扭曲自己來滿足朋友的需求，而且覺得自己的需求沒有那些時間緊迫的父母那麼重要，甚至氣自己不該有所求才對。我變成了一個給予者，但得到的回饋卻很少，到最後我的能量被消耗殆盡了，一滴不剩。

所以這段時間我失去了一些朋友，自我安慰說他們太忙了，不會想念我。我確實再也沒有收到他們的消息，除非他們有新的重大人生事件才會偶爾分享，我因此知道自己的決定是正確的。我們都以自己的方式在過人生，友誼不一定要結束得很戲劇性。事實上，對雙方來說，在沒有大張旗鼓的情況下，悄悄溜走是一種善意。如果每段友誼的演變都有不同的內在心理階段，那麼也會因為外在的人生階段而決定友誼是會存續或破裂。某些人的生命經驗將超出我們能理解的範圍，如果你完全無法理解朋友正在經歷什麼情況，那麼最善解人意的行為可能就是給他們空間，讓他們自己解決問題。你們在前往不同海岸的旅程中，你看著他們的船揚帆起航，祝他們一路順風。

友誼錄音帶

葛瑞絲

葛瑞絲・萊德，二十八歲，作家、演說家和身體自愛者。

友誼就是找到那些身邊沒有但你需要的人，有時候你可能不知道自己需要他們，但他們出現了，填補了那個空缺。

疫情期間大家認為特別需要隔離措施的是年長者、患有明顯疾病的人，或者有顯著感染風險的人，但我自己本身屬於表面上看起來很健康，但其實也很需要隔離，像我這樣的人可不少。（葛瑞絲罹患腦瘤，腫瘤位於她左側顳葉非常深處，她也患有輕度腸躁症、過敏、疼痛和腸道問題造成的創傷後壓力症候群，不得不接受大型腸道手術。）

我得知要被隔離時，愛和朋友有如潮水般湧入，那真的很棒。我當時的男朋友很沒用，他不知道該怎麼辦，但我所有的朋友都蜂擁而至，提供幫助。朋友是生命中非常重要的部分，你因為很喜歡他們所以樂於分享好消息，遇到麻煩的時候也能信任他們。你不會跟他們假來假去，你可以做你自己。

我確實覺得身為人類，我們都害怕被拒絕。我會很在意其他人對我的看法，有位朋友在心理健康方面懂很多，每次我們碰完面，她都不忘傳訊息跟我說：「我想讓你知道我很喜歡聽你分享自己的事，我真的聊得很開心，很高興聽到你的最新近況。你沒說什麼不該說的話，所以你不需恐慌。」

10

克萊米

友誼能禁得起
生活大轉變的考驗嗎？

友誼也會因人生多變的際遇而受到衝擊，我因為沒有孩子而和某些朋友漸行漸遠，除此之外，離婚也是其中一項因素。我和前夫分開時，失去了一些透過他認識的朋友，這對我來說沒有那麼痛苦，因為支持他是他們的職責，一如我的朋友也為我做了同樣的事情。

但還有其他一些難以忽視的鴻溝，例如朋友搬到不同的城市和國家造成的地理隔閡，或者朋友的感情對象讓人不敢恭維，又或者是政治上的分歧。我們生在一個極端的時代，個人認同與政治觀密不可分，朋友投票支持英國脫歐、無意識透露出自己或厭女恐同或種族歧視，有時你很難把觀點跟這個人的本質分開來看。網路媒體生態的變化讓我們容易只看到自己想看到的資訊，培養出很厚的同溫層，這使得從更宏觀的角度去了解不同的觀點這件事變得更加棘手。意見已然成為身分貨幣，任何人直率地發表意見時就是在表明自己所認同的社群為何，接收者不是同一陣線就是反對陣營，很少有其他選擇。在這種二元對立、激化的環境中，即使沒有意見也可以被視為一種道德缺失。

我從來沒有因為政治立場分歧而失去友誼，要麼是這些分歧都在合理範圍內，要麼就是我很會避開衝突，會在可能引起問題的對話開始之前趕快結束掉。當然，說不定這些朋友早就悄悄從我的生活中消失了。我真心認為最有價值的友誼，是有足夠的安全感能夠接受不同挑戰，如果朋友之間始終沒有足夠的安全感說「我不同意你的看法」，這段友誼可能是有缺陷的。

不過，即使我沒有體驗過因政治而失去朋友的經歷，也有很多人經歷過，疫情期間「戴口罩」或「接種疫苗」等行為成為個人政治立場的象徵。我們都覺得自己的觀點是對的，互相覺得對方怎麼可以不關心更重大的問題，這是一段非常考驗友誼的時期，尤其是告訴我們該怎麼做的政治領袖之間本身就存在嚴重的分歧。

我的朋友瓊安就得重新檢視自己的人際關係。她先生麥克比較年長，是感染的高風險群，因此她自認無法繼續與拒絕接種疫苗或支持川普的人當朋友。瓊安告訴我：「我很喜歡認識各式各樣的人，也為此感到自豪，但是……跟支持法西斯主義的人交朋友，需要跨越一座很大的橋梁，我沒辦法。或者是反疫苗的人，這實在太困難了。」

她有位朋友在臉書上分享有關疫苗很危險的假新聞，瓊安一開始試著跟對方講道理，但這位朋友的回應非常惡劣，最終瓊安明白朋友不會改變看法，她自己也不會，於是雙方互刪好友。

「我們都有盲點，很多人都告訴我——包括我先生，說我太愛批判了，我努力調整，尤其是和朋友相處的時候。我應該要多多接納別人本來的樣子，但是每次只要覺得親近的朋友逃避問題太久，老是在做對他們自己無益的事，也不願改變，我就很難再繼續跟他們相處。這種時候我愛批判的本性就浮出來了。我唯一的要求就只是對你自己的決定和行為負責。我希望在我朋友、我自己、伴侶還有所有其他親密的關係中人都能如此。」

對於每一份友誼，我們都必須像瓊安一樣決定自己可以忍受什麼以及極限在哪裡，這就是前面章節提過的「伸展」概念。有些朋友我們願意更進一步伸展友誼，因為這段面臨挑戰的情誼很值得。在某些情況下，也會出現再怎麼伸展都無法橫跨的鴻溝。外在理由如離婚、政治、距離等是一回事，但友誼也有自己的內部發展階段，有自己的生理時鐘、多年來的親密交流的經緯、共同的看法和相互的感情。

我認為我們該談談關係的健全程度。我們的關係狀況如何？他們需要照顧和關注嗎？還是在耗損我們的精力並讓我們焦慮？和朋友在一起時，我們想要什麼感覺？可以採取什麼行動來做到這一點？如果一段友誼結束了，我們如何讓自己感到平靜，而不是覺得失敗或羞恥？為了防止這種情況發生，我們願意付出多少努力？

這些都是大哉問，為了探索答案，我向一位生命經歷過災難性變動的人請教，她的所有人際關係都像地震後的地殼板塊一樣發生了變化。這位朋友克萊米曾經是（現在也是）一位傳奇美女，在我真正認識她之前早就久仰大名。她是劍橋英語系的高材生，畢業後從事許多職業，表現都非常亮眼，她是交響樂團的首席小提琴手、演員、有史以來最年輕的全國大報專欄作家，以及才華洋溢的電視和廣播節目主持人——克萊米厲害到不真實的地步。

幾年過去，我偶爾會在聚會和新書發表會上遇到克萊米，她總是親切可人，但我還是不太敢接近，不知道她為什麼會想要跟我聊天。她應該只是打發時間而已，畢竟現場有更多厲害的大咖在。直到某次我到美國參加一場婚禮，除了新娘以外不認識任何人，我滿頭大汗，穿著不舒服的鞋子在酒吧排隊，祈禱自己接下來跟人社交時不會太驚慌。排我前面的女人轉過身，我發現是克萊米，她也是自己一個人出席，我們被這個意想不到的巧合湊在一起，很快開始相互交流。這就是我們友誼的開始，我們發現彼此有很多事情可以聊，決定第二天要來個晚餐之約。她說自己的成就都是為了掩蓋缺乏自我價值感，對此我非常能感同身受，從此之後我們的聊天就沒有真正停止過。

克萊米成為我很親密的朋友，她的運轉速度似乎是其他人的兩倍，總是有很多話要說，有很多想法要分享。她沉浸在生活的樂趣中，竭盡全力享受每一刻——她能在幾個星期之內就寫完其他人需要花好幾年才完成的書。她既要主持早上的廣播節目，又要經營剛建立的小家庭，同時還樂於接受挑戰。我們每次見面，她不是剛看完藝術展覽或足球比賽，就是等一下要去音樂廳舉辦演奏會，又或者是去幫某個我沒聽說過的樂團當伴奏。我曾經陪她去打耳洞，看她在十分鐘內成功邀請穿洞師上她的 Podcast。

對克萊米來說，時間似乎是很有彈性的，她可以在一個小時內做完五件事，我可能只搞定今天要穿什麼出門。我們的友誼有著相同的強度，假設說要一起吃晚餐，我們真的就會點滿滿一桌的菜，不是隨便吃吃而已；如果說要一起喝一杯，永遠不會只喝一杯了事。

克萊米當然也有低潮的時候，我想擁有如此非凡頭腦的人通常也容易感到憂鬱。她會有一段特別焦慮、甚至是很憂鬱的時間，她會打電話跟我訴苦覺得自己很失敗，但事實並非如此，只是她對自己的標準太過苛刻，她很願意相信別人的能力，卻從未如此對待自己。

二〇一八年，克萊米一家四口搬到紐約曼哈頓，因為她在紐約公共廣播電台找到了很棒的工作。她很愛這個新家，如果克萊米是一座城市，她就是紐約：充滿了忙亂的機會和扣人心弦的速度感，所有體驗同時存在於地鐵和街角。

這次搬家對她很多段友誼來說，開啟了新的階段。雖然搬到另一個國家對善於交際的克萊米來說不是難事，但她還是會想念在倫敦老家締結的深刻友誼。我們兩個經常視訊或留語音訊息，她也會定期飛回倫敦確認英國這邊事業的狀況。克萊米常一下早班飛機就立刻趕赴我們的午餐約會，她總能一臉清醒又打扮完美地出現在咖啡廳裡，看著她在飛機上畫的精緻眼線，有次我忍不住問這是怎麼辦到的。

「多年來的練習。」她平靜地說。

「你不會累嗎？才剛結束長途飛行。」

「完全不會。」她都透過聆聽巴哈變奏曲來解決時差問題。她解釋說，重複的旋律和節奏能讓大腦保持活力。我從沒嘗試過這個方法，但我相信她，因為你怎麼可能不被她的熱情所吸引。

⊙ ⊙ ⊙

二〇二〇年一月我收到她的訊息，她說覺得情緒低落，想要視訊或語音聊一聊。冒名頂替症候群又發作了，她覺得自己各方面都不夠好，她認真投入在工作上，經常主持夜間活動，同時還要陪伴孩子和先生。我很擔心她的心理健康，我告訴克萊米，即使她往後的人生中再也沒有獲得任何成就，我也會同樣愛她。對我來說，她作為一個人的價值並不是由她的外在成就所決定，她的價值是與生俱來的，跟這些成就無關。她不必透過這種方式來證明，大家是愛她本身，而不是愛「克萊米做得有多棒」。

一月二十一日早上，我醒來時看到克萊米傳訊息過來，她預訂下周要回倫敦，我以為她想確認我們的晚餐約會行程。點開訊息才發現，這是她先生詹姆斯以她名義建立的聊天群組，傳送時間是英國時間凌晨兩點：「克萊米現在不太好，她左側大腦今天稍早出血，醫生現在已經止住出血了，但認為這對她的運動和語言功能造成很大的傷害，我們不知道她有多少機率能夠恢復清醒。」

我從床上坐起來，無法理解怎麼一回事。常聽到別人說「嚇呆」，但我沒有呆住，而是全身每根神經似乎都處於高度戒備狀態。我先打電話給克萊米最好的朋友安珀，她說正準備盡快飛往紐約，我這才起身泡了杯茶，因為不知道自己還能做什麼，我離她那麼遠，這種無助感更加強烈。接下來的幾個小時裡，我慢慢了解事情的經過：克萊米在開會的時候發現自己突然很難好好說話，她的發音含糊不清，甚至說出來的話完全沒有邏輯，接著就昏倒了。不幸中的大幸是，身邊有人能即時將她送醫急救，成功保住她的性命。

克萊米因動靜脈畸形導致腦部大量出血，這種先天疾患會讓動脈和靜脈的血管異常地直接連結，大多數人出生時都不會注意到，就像克萊米一樣。出血的情況甚至更罕見，只有百分之二到百分之四的機率，因此這種疾病通常只能透過致命性的嚴重出血才能發現。醫學專家不知道她是否能活下來，也難以評估這會造成多大的傷害，他們請家屬做好最壞的心理準備。

克萊米昏迷了十七天，終究是活了下來，而且她做到的遠不止於此，她逐一戰勝了每個負面評估。醫生之前經手過許多類似的病患，但從未遇過這樣的大腦，她的神經可塑性很大程度上得益於她從兩歲就開始拉小提琴。在手術的四個星期之後，我終於能到醫院探望她，她已經可以在巨大復健裝置的幫助下，搖搖晃晃地踏出最初的幾步。她美麗的腦袋是凹陷的，醫生必須移除部分頭骨以減輕腦腫脹，因此她戴著一個醜陋的塑膠頭盔（她後來做了顱骨成形術，從此不再需要戴這頂頭盔了）。

我一直對於要見克萊米這件事感到不安，我不確定會看什麼，也不確定是否能幫得上忙。看她坐在輪椅上，戴著那頂頭盔，身形消瘦，整個人像是被掏空，但依然是那個如假包換、令人難以抗拒的克萊米。她眼裡閃過一絲認出我的表情，給了一個熟悉的克萊米式大擁抱，讓我發現自己的擔心有多愚蠢。

除了簡短的單詞之外，她沒辦法說太多話，但是能夠理解並記住一切，而且她本來就擁有非凡的溝通能力。我幾乎可以了解她想說什麼，即使這些話語無法完整從她的腦袋轉化到嘴巴。她被診斷出有複雜語言障礙——失語症和失用症，兩者都是經歷過腦部損傷的人常見的特徵。失用症指的是儘管很想做特定動作，但喪失了執行的能力，而失語症的症狀之一是思緒混亂，以及難以找到表達想法的詞語。然而，我感覺克萊米所有複雜、精妙的想法和記憶都完好無損，所以對語言治療師阿曼達說：「克萊米沒有思緒混亂。」阿曼達笑著同意。

克萊米一直很擅長人與人之間的交流，在這裡這項技能又獲得發揮，她迅速成為醫院裡最受喜愛的病患。她總是關心每個人過得怎麼樣——包括我在內，她希望我充分利用時間好好在紐約觀光，不要一直悶在醫院裡面。我並不想去別的地方，但這向我展示了她內心充滿了多少愛。她沒有表達過任何抱怨或怨恨，雖有痛苦和沮喪的淚水，但她從未埋怨為什麼事情會發生在她身上，為何老天那麼不公平。

克萊米後來解釋說，她是經過深思熟慮才選擇活下來的。那天她要了一支筆和一張紙，打算告訴我昏迷期間發生的事情。由於她無法控制身體的右半部，只能用左手寫出一個字來傳達重點。她記得看到一道明亮的光射進腦中，媽媽幾年前過世的前夫也在場，看到他讓克萊米感到欣慰。在我們一番溝通之後，故事是這樣的：

有個聲音把她引導到光亮處，說在光芒中是如此平靜和輕鬆，沒有痛苦，沒有壓力，如果她願意跟著光走，一切都會好過得多。我問克萊米她認為是誰在說話，她寫下了「天使」。

「奇怪的是……」克萊米說，然後又寫下了「柯比．布萊恩」這個名字。我問：「他也在那裡嗎？」

克萊米說，他在那裡，而且她有一種感覺，好像他們兩人之間正在做出某種選擇，她也可以選擇是向左走還是向右走——進入平靜的光芒中或回到這世界。

同年一月二十六日，洛杉磯湖人隊的傳奇籃球運動員柯比．布萊恩與二女兒吉安娜等共九人，因直升機失事不幸罹難，那時克萊米正陷入昏迷，必須靠呼吸器維生。克萊米沒有宗教信仰，這個幻象是她一生中最深刻的靈性體驗。那個聲音給了她一個選擇：不是走向光明的幸福，就是選擇回到原本的生活。儘管會充滿痛苦、挑戰和困難，克萊米沒有猶豫地選擇了活著，對此她永遠感激自己能有這樣的選擇，因為很多人都沒有。「我選擇活下去」成為克萊米的口頭禪，她一次又一次地選擇回來，度過那些最艱難的日子。

⊙ ⊙ ⊙

儘管選擇活下去以及繼續愛，但克萊米距離康復還有一大段路要走，前方的道路滿佈荊棘，崎嶇難行。她經歷頻繁的癲癇發作，這不只可怕，也使她努力才獲得的體能進步付諸流水，她不得不在錯綜複雜又昂貴的美國醫療保健系統中尋找方向。她的睡眠斷斷續續，人也非常焦慮，即使是最簡單的日常工作，例如幫兒子打開花生醬罐，都無法做到。很多時候她都覺得疲憊不堪，這可是過去從未有過的經歷，她現在必須睡一整個下午，才能儲備寶貴的體力。再短的車程都會對她的神經系統造成非常大的刺激，她不停審視周圍環境，找出對自己或家人的威脅。

不過對克萊米來說，最糟糕的事情之一已經發生了。認識到生與死之間那層界線有多脆弱，讓她感到恐懼和孤獨，雖然很慶幸自己還活著，但她也認知到這個世上沒有什麼是理所當然，意外隨時會發生。比方說，腦外科醫生無法完全移除克萊米的腦動靜脈畸形，所以腦溢血很有可能復發。這令人感到脆弱和沮喪，而且克萊米沒辦法像我們其他人從客觀角度看到自己嘆為觀止的進步。克萊米付出了難以估量的努力，一年多後我再次登門拜訪她時，她已經能夠撰寫新聞文章和錄製Podcast，雖然她覺得自己的語速沒有以前那麼快。從很多方面來說，這都是一件美麗的事情，她回來了，連她自己都不相信這個奇蹟。

這是我們友誼的特殊時光，封城期間我們每天都交談，有時會長達一個多小時，並且應她的要求把我們的對話做成筆記。我比以前更了解她，開始了解她的想法、人生哲學，我一直對她充沛的情緒資源感到驚訝，她是如此堅強又充滿恩慈，即使是在她最低落的時刻。我很慶幸自己擁有這樣的友誼，但克萊米在這段時間裡不得不面對的一件事——她的朋友並沒有原本以為的多。在漫長的復健過程中，有朋友持續提供支持，也有一些人因無法適應這種變化、沒留下隻字片語就離開了，這對她來說極其難受。

我想和克萊米談談友誼，當其中一方經歷天翻地覆的重大創傷，友誼會發生什麼變化？這似乎觸及到真正友誼的根基。我們透過視訊討論這個話題，那是一個周一下午，克萊米躺在紐約公寓的床上，看起來氣色很好，但是她竟然不相信我說的。

我請她先說說在事件發生之前對友誼的看法。「友誼一直是我的首要目標，我覺得其他人更自給自足，而我從小就熱衷於交朋友，並認為友情是我生命中最重要的事物。」

她的童年是快樂的，只是父親這個角色是缺席的，她是由單親媽媽撫養長大。媽媽跟前夫生了兩個兒子，這位前夫就是在瀕死幻覺中出現的男人，雖然兩人離了婚，但是他一直有聯絡，而且對克萊米很好。克萊米很愛哥哥們，三兄妹會一起去看足球比賽，放學後也一起看電視，而朋友扮演了哥哥們無法擔任的角色。

她將友情比作「墜入愛河」，她一直相信這是貨真價實的情感化學反應，若跟朋友不合或是決裂會讓她「像被男朋友甩了一樣的心煩意亂」。朋友能提供她「對於生活的速記，無論是價值觀，還是你是什麼樣的人」，她有很多這樣的朋友，她知道在什麼場合該去找哪位朋友——哪個朋友會喜歡古典音樂、哪些朋友可以和她一起去夜店等等。克萊米擅長建立與人連結的關係，那次中風之後，關心她的訊息如潮水般湧來，這些人都曾在生命中的某個時刻被她吸引。相比之下，她先生詹姆斯只有三個朋友。

克萊米：他會辯解說：「我認識很多處得不錯的人。」但就真正生死與共的朋友而言，他基本上只有一個，最多不會超過四個，他也不需要更多人。我的話則是「我需要這個朋友是因為A理由，我需要那個朋友是因為B理由……」

也許我從這場噩夢中學到的教訓是，「我有兩個朋友」。這就是詹姆斯一直在談論的。

她將自己的生活分為「生病之前」和「生病之後」，對克萊米來說人生最大的里程碑是腦部出血，這讓她「非常勇敢，清楚知道現在誰才是真正合適的朋友」。在復健療程的初期階段，她曾經引起一波關注，但現在大部分關注都已經消散了，一方面是疫情讓國際旅行停頓兩年，因此回到英國的朋友更難去探望她，但她感覺不只是這樣，擔心這是因為她作為朋友所能提供的價值減少。

克萊米：我不想給人自己被輕視或委屈的感覺，只是那種生活、愛情或友誼中出現失衡的糟糕感覺真的很不好受。很難真正擁有完全平衡和協調的友誼。我青少女時期和有個很親近的男生密友，我們會徹夜長談。他說人際關係就像行星一樣，多數時候你需要比較小的行星在軌道上運轉，比較小的行星的神奇之處在於，如果停止繞著較大的行星運行，它的自轉軸就移動……我認為在大多數人際關係和友誼中都有這樣的情形。想要運轉完全一致是很罕見的，但通常這樣也沒關係，大家會自己找到平衡。但如果雙方都希望處於這種協調一致的關係中，就得下定決心投入才行。

伊莉莎白：所以從二〇二〇年開始，你的友誼行星是怎麼重新排列的？那段時間你對友誼的看法有什麼變化？

克萊米：由於我基本上沒有獨立行動的能力，所以變得非常神經質，即使是面對那些持續支持我的朋友也是。我不期待獲得無條件的愛，但是自己沒辦法再為別人付出的時候，真的很可怕，我連簡單出席聚餐都沒辦法！雖然大家會說「你還活著就夠了」，但事實證明這樣根本不夠，因為真正來看我的朋友很少。

聽到她這樣說讓我很痛苦，所以向她保證，作為朋友我一直希望她好好能做自己。毫無疑問，她仍然是這樣，即使在人生最低潮的時刻，她也能保持慷慨的心，總是會詢問我過得怎麼樣，有時還會突然送我禮物。她也是為數不多真正了解流產這件事的人之一，克萊米經歷過三次流產，非常了解想要一個似乎無法擁有的孩子所帶來的痛苦。她鼓勵我談論自己的歷程，堅持認為這是最艱難的事情之一，連她的腦損傷都比不上。她總是提供我安全的空間來表達自己的情緒，有時候我覺得自己很糟糕，竟然在一個承受了難以想像的痛苦的人面前哭泣。但克萊米要我放心，因為我能在她面前流露悲傷，讓她覺得自己還是個有用的朋友。

她原本充滿泛泛之交的朋友團昇華成一、兩個她最信任的知己，我認為這不僅反映了她的個人情況，也反映出我們多數人應該也要進行重新評估。

伊莉莎白：我意識到真正支持我、關心我，我也真心想和他們共度時光的人比預期的要少很多。也許是因為年齡和疫情的關係，但很明顯地，你所經歷的巨大轉變大大加速了這個過程。

克萊米：這是有趣的觀察，我認為你很中肯。我們之前的人生歷程很相似，如今你這顆行星閃閃發亮，前途無量，而我這顆行星則相反：黯淡無光。由於你不是個膚淺的人，所以還是把我當成四年前剛認識的那個我來對待，但是其他人不管是有意無意，總之再也不關心我，這更加傷人。

克萊米認為，如果對方本來就是基於利益來接近她，那麼中斷聯絡也無妨，生命中沒有這些人她也能過得很好。不過，她懷疑有些不再聯絡的朋友本身甚至沒有意識到這一點，讓她很困擾，感覺好像他們認為她已經完全康復，所以也不必再定期問候了。他們可能看到她社群帳號上圖文並茂的貼文，相信事情一切順利。然而，那些照片無法表現出她整理思緒所需付出的努力，然後還得辛苦地用左手拇指打出來，因為克萊米右半側的身體已經失去很多感覺和運動能力。

伊莉莎白：你一定覺得自己完全被忽視了。

克萊米：是的。

伊莉莎白：想到有人缺乏興趣或能力去審視生活表象下真正重要的東西，永遠令我驚訝。有點像愛上一個渣男，剛開始一切都很美好，最後驚覺：「原來你是這種人！」

克萊米：沒錯，但是這仍然讓人很心痛。這甚至不是他們的錯，那種背叛感。真正討厭的是，會這麼難過其實是自己的問題，因為你希望他們成為不可能成為的人。

對克萊米來說更困難的是，她仍然抱持這樣浪漫的信念：「人與人之間的情感化學反應是真的，我一直相信這一點。想想每一天，你都可以透過這種隨機發生的情誼來豐富自己的餘生。」

克萊米：在某種程度上，我真的非常幸運，能有過那麼多非常棒的朋友和不可思議的經歷，我認為現在我不會再有這些經歷了。

伊莉莎白：親愛的，我相信你還會有的。

克萊米：在某種程度上，我不想再有任何可能受到危害或破壞的連結。我現在真的不想那樣，只是說……

伊莉莎白：你還在哀悼。

克萊米：完全正確。

偶爾有些人會因為剛好在紐約，所以詢問能否去拜訪她，雖然這是好事，但有時也需要克萊米「裝」一下。

克萊米：我認為很多事情都有「表演性」的一面。這有點像他們在表演悲傷，所以你不得不請他們喝杯茶來讓他們感覺好一點。

伊莉莎白：你認為自己學到了什麼，怎樣才能構成一個好朋友？對你來說，這種友誼的特性是什麼？

克萊米：我認為最重要的是能看到事情完整的面貌，並且夠開放，能夠容忍環境的變化。我一直在思考「友誼誓言」的概念，如果真的有這種東西的話，我會說些什麼，以及忠於它們的重要性。

生病之後我記不清楚有多少次聽到對方跟我說：「我只是不知道該怎麼開口講這件事……」我懂，沒人知道遇到這種情況該說什麼，又該做什麼。但是對於那些說「我不想打擾你」的人，我都很想回答：「謝謝你喔，但我他媽的什麼事都沒做耶！我每一天都只能躺在床上，你是會打擾我什麼？」

不過，有些真正的朋友會願意承擔這種不適感，開口談那些不好談的事。他們就是持續提供支持的人。至於其他人，我覺得已經來不及了，並不是因為我生氣或受傷，只是我們現在要怎樣恢復對話？

伊莉莎白：你沒辦法讓每個人都跟上進度。每一次向那些不知情的人重新講述你過去的經歷時，都會造成微小的創傷。

克萊米：沒錯，或者遇到那些不得不客套「你好嗎？」的人——如果你過去幾個月有跟我聯絡的話，就會知道我好不好。再次強調我不期望大家主動聯絡，也不想批評他們沒有主動關心我，但看看誰陪在我身邊，誰又不是，這對我來說是很有用的衡量標準。

就像我現在右半邊從頭到腳都沒有知覺，我必須訓練大腦才能知道我的右半身就在這裡。和真正的朋友在一起，即使我看不到他們，我也可以相信他們就在那裡，這是很美一件事。

我意識到克萊米對於「被看見」的渴望，也是在表達需要富含同理心的友誼，而不是將看似美好的貼文或訊息照單全收。只不過當友好行星脫離彼此的軌道時，要做到這點就更困難了。克萊米可說是短時間內經歷了多次轉變，先是搬到大西洋另一端的美國，而從足以致命的腦損傷倖存，也無異於進入了另一個難以為外人所道的異域國度，她感覺受困其中，熱切希望回到曾經熟悉的地方。

伊莉莎白：這一定感覺很孤立。

克萊米：令人難以置信的孤立，以及寂寞。

伊莉莎白：經歷像不孕症或流產這樣的事，我認為會發現朋友無法總是成為你需要的樣子。跟你的經驗滿像的，你有注意到這兩者之間的相似之處嗎？

克萊米：我很希望能夠站在你身邊度過這場懷孕噩夢，就像你陪我度過腦損傷的復原期一樣。最重要的是同理、支持和愛，但顯然同理心有很多等級。

有時候我會對那些讓我失望的人設想：「哪有人天生就知道要怎麼面對這種事？」可是你也不是天生就知道，但仍然讓我感受到全然的支持和陪伴。我希望自己能理解你的痛苦——我知道這是很煩人的陳腔濫調，我甚至無法想像你正在經歷的痛苦。同理心並不是「讓我想想自己遇到哪些有點類似的事」，你不必說出「我懂你的這種感覺」、「我也有流產或某某經驗」，相反地，同理心是讓你有足夠的想像力去容納那些你甚至不敢想像的世界。

這是對另一種同理心的深刻定義。正如克萊米所見，同理心並不總是關於感受或猜測別人正在經歷的事情，而是能夠勇敢地為未知和無法解決的問題留出空間。我認為，這是確保友誼在不同人生階段存續和發展的關鍵。你們不必同時走同一條路，但如果夠重視朋友，你可以在自己的想像力中為他們的痛苦留出一塊空間，你可以讓這個空間既溫馨又安全，隨時供他們使用。有時它會長期閒置，有時你們會在那裡相遇並驚嘆於彼此分享的愛，也有些時候難以建立連結，甚至你會獨自躺在那裡，讓悲傷過去，但你不會永遠真的孤身一人。因為真正的朋友知道，沉默的理解空間往往比填補我們欠缺的言語更重要。

我認為十三世紀波斯詩人魯米的〈賓客之屋〉完美地表達了這個想法。在這首詩中，魯米思考了讓所有感受進入這個象徵式家園的必要性，不論好壞，因為每種感受都以有意義的方式指引我們生活。

生而為人就像一間賓客之屋。
每天晨曦都有新的訪客光臨。

有喜悅，有沮喪，也有卑劣，
某些瞬間覺醒的到來，
就像是意料之外的訪客。

歡迎並款待他們吧！
即使那是悲傷風暴，
猛烈地橫掃你的屋舍，
家具無一倖免，
仍然要敬重地對待每位訪客，
他們可能為你除舊佈新，
帶來新的喜悅。

不管來者是歹念、羞愧或怨懟，
帶著微笑站在門口迎接他們，
並邀請他們入內。

對任何來客都要心存感念，
因為他們每一位都是，
上天派來的嚮導。

魯米絕對知道自己在寫什麼。我在腦溢血事件很多年以前，曾跟克萊米分享這首詩，我在最黑暗的時期是如何一次又一次重溫這首詩，她回答說：「這也是我最喜歡的詩。」一在我們的行星軌道相交近十年之前，她就將它寫進個人第一部小說《星星的另一面》的序言中。

克萊米昏迷不醒的十七天裡，朋友們都收到要求傳送一段錄音，讓她能聽到我們的聲音。我背誦了〈賓客之屋〉，它已說了所有我需要說的話，到今天依舊如此。

友誼錄音帶

莎拉

莎拉・古拉瑪麗，二十多歲，
藝術家和藝術團體「穆斯林姐妹會」的共同創辦人。

我十五歲那年媽媽過世了，那段時期的友情變成像是母系情感支持的替代品。因為我覺得有些事情不能和家人說，所以朋友是我的心靈祕密基地，這就是友誼對我的意義。

我上大學之後不得不在各式各樣的空間中往來穿梭，身為在白人空間裡少數的有色人種穆斯林女性，穆斯林姐妹會真的變成了我的姐妹們，這裡提供的不僅僅是友誼，也是我談論信仰或遇到的問題的地方……如果沒有我的朋友，我無法度過生命中最艱難的時期。

我在成長過程中沒有穆斯林朋友，所以必須自行創建一個真正了解我的經歷的社群。例如我家裡有人生病了，我可以聯絡大家一起幫忙祈禱，這是我們跟其他人無法達到的友誼層次。

我爸過去常說「血濃於水」這句話，但我從來都沒有共鳴，因為我的朋友變成我的家人，跟真的家人沒有兩樣。當然朋友來來去去，有血緣的家人永遠和你在一起。不過，朋友還是最了解你生活各個面向的人，他們對你需要成為什麼樣的人沒有那種先入為主的想法，你可以在他們面前做自己，他們有這樣的包容力。

11

點兩下按讚

網路時代交友

一九九八年是我上大學之前的壯遊年，我要去南非住六個月，當時帶了滿滿的航空信封，我要定期寄信給爸媽讓他們知道我還活著。那個年代沒有手機這種東西，更不用說智慧型手機了，就連電子郵件也是很新的發明。我住在南非莫布雷的一棟排屋，室友詹姆士向我介紹一種叫做Hotmail的東西，它可以發送電子郵件，幾乎是馬上就送達世界的另一端。

隔年一個名為LiveJournal的網站上線，用戶可以記錄他們的想法、意見和食譜，並發佈在網路上，這開啟了巨大的機會——大家第一次可以自行把作品刊登到某個地方，不必交給傳統的報紙、書籍或雜誌編輯，這就是「寫部落格」。

二〇〇二年，LinkedIn作為職業人士的社交網站推出，Myspace在二〇〇三年緊隨其後，但一直要到二〇〇四年社群媒體才真正起飛，這個網站叫做臉書，概念很簡單：一個追蹤你的朋友並告訴他們你在做什麼的通訊工具。

在我獲得hotmail.co.uk電子信箱後的二十四年裡，世界經歷了一場社群媒體革命。這是一場推翻政權、引發假新聞風暴並改變選舉結果的革命，這也是一場劇烈改變我們友誼的革命。

我使用三個主要的社群媒體平台：Instagram、推特（已改名X）和TikTok。我的三個主要社群媒體平台累計有二十八萬名粉絲，而我的臉書好友只有九百七十一位，也就是說我在網路上互動的人數遠遠超過我實際交友的數量。

社群媒體是跟搬去他方的朋友保持聯絡的絕佳方式，讓我可以看到新生寶寶和結婚周年紀念派對的照片，按讚並留下表情符號，表達我對他們的愛與想念。我在社群媒體上的朋友很多都是泛泛之交，我很喜歡他們也希望保持互動，只是無法與他們本人共度有品質的時光。

事實上，我最親密的朋友很少出現在社群媒體上，意識到這一點的時候，倫敦已經解除封鎖限制並且允許可以在戶外以最多六人一組的方式見面。我辦了一場戶外的晚餐聚會，要把邀請名單限制在五人以內，對我這樣的交友狂來說是很有趣的挑戰，最後我決定放下對沒受邀者感受的擔憂，選擇了我最喜歡的幾位朋友，也是我認為最處得來的人選。直到後來我才發現，將他們連結在一起的（除了都認識我之外），就是他們在社群媒體上都不太活躍。儘管我自己是狂熱用戶，但顯然內心有一部分認為待他們身邊很有安全感，他們看重我是因為我這個人，而不是我在網路上呈現的樣貌。

我大半輩子都是一名記者，很習慣受邀前往形形色色的華麗派對擔任「旁觀者」，在這些絢爛的「媒體公關」派對上，大家會相互飛吻，相互稱讚對方看起來有多棒，但下一次見面時則完全無視你。我的工作是報導當晚的慶祝活動，而不是積極參與，我是別人生活的觀察者。

儘管在從業早期我誤以為大家都喜歡我，但也很快意識到，再努力都不會跟遇到的大多數人成為朋友。就算我跟受訪的名人相處融洽，離開那個場合之後彼此要建立友誼的機會是微乎其微。這些名人通常擁有比我更健康的人際關係界線，身邊還有不可能滲透的公關人員、經紀人和化妝師團隊。此外他們也接受過媒體相關培訓，可以在不損及私領域的情況下展現專業魅力。

從事這一行幾年之後，我腦海中對「真正的朋友」和「媒體圈熟人」之間有了清晰的界線。隨著年齡的增長，我對「媒體朋友」產生了一種近乎過敏的不信任。我可以擁有在媒體界工作的朋友，但我們必須投入很多時間才能贏得彼此的信任，但是如今社群媒體將所有的友誼類型都混在一起。我們常自覺透過名人的Instagram頁面跟對方變得更親密，忘記這些照片只是他們整體生活的一部分，我們仍然只是個觀察者，而不是雙向友誼的積極參與者。在極端情況下，這會導致「擬社會互動」（parasocial interaction），亦即其中一方會逐漸擴展情緒能量、興趣和時間在另一方身上，但另一方從未認知到此人的存在。這個專業名詞主要用於名人，但我認為也適用於非名人的熟人。我們都有能力將單向的情感交流投注到某位朋友身上，對方幾乎沒有意識到我們心中的執著，這樣做往往對我們自己的心理健康有害。另外，我想大家應該都很清楚，在社群上被以為是好朋友的人退追的感受。

這就是為什麼我認為那次的六人晚餐，是我一生中最美好的夜晚之一。反思它為何如此特別，我發現主要是沒有人在意是不是要趕快拍照或發文到網路上，我們不只比其他時刻更活在當下，甚至還帶有一點反抗社會潮流的小快感。

我透過多年經驗了解到，社群媒體不是內圈友誼的替代品或工具，但能夠維護我的外圈人脈。而說到朋友圈，就一定要提到著名的演化心理學家羅賓·鄧巴。鄧巴是牛津大學實驗心理學系「認知與演化人類學研究小組」的負責人。鄧巴透過對非人類靈長類動物的研究，推測大腦大小與群體大小之間有一定的比例關係，他使用神經影像學，以及花時間觀察「社交梳理常規」（social grooming）找出了這個比例。鄧巴得出結論，新皮質的大小（即大腦中與認知和語言相關的部分）跟社會群體的最佳規模有關，而這個比例也決定單一社交系統的複雜程度。

將同樣的比例應用到人腦，鄧巴發現人類團體的自然上限是一百五十人，這個數字被稱為「鄧巴數字」，許多研究結果證明它在人類社會組織中不斷出現。這是十一世紀英國村莊的平均大小，直至今日仍然是一個基本軍事單位的大小。服裝製造商 Gortex 將其運營單位限制在一百五十個以內好避免溝通阻塞，這正如《新科學人》雜誌總結的那樣：「一百五十是我們可以與之保持穩定社會關係的人——包括信任和義務——的認知極限。」「信任和義務」是依賴平等互惠的兩種特質，你無法隨便跟任何人馬上建立，因為沒有足夠的時間來培養那種程度的情感，這也是基於安全考量。

鄧巴本人繼續檢驗自己的假設，在最新出版的《朋友原來是天生的》一書中，鄧巴對原始數字進行了微調，認為與其說這是絕對的數字限制，不如說是一系列同心圓中的一層，每一層代表一種不同性質的友誼，每層圓圈的大小都是前一層圓圈的三倍。

鄧巴在接受採訪時說：「最內層的一．五人是『最親密的』，這也跟你的戀愛伴侶關係有關。下一層的五人是可以跟你抱頭痛哭的友誼，當我們的世界分崩離析時，他們會拋下一切跑來提供支持。在十五人的那一層則包括前面的那五人和其他核心社交夥伴，這十五人是我們的主要社交夥伴，他們不只能共享歡樂時光，也能提供交換育兒的服務，因為我們夠信任他們，願意把小孩給他們看顧。再下一層的五十人，是周末一起參加燒烤會的人，而在一百五十人層級的則是你的婚葬團隊，他們會來參加這些你一生一次的活動。」

這些層級繼續擴大，就像扔出石頭在湖中引起的擴散漣漪，對多數人來說，我們的社群媒體圈介於第七層（一千五百）和第八層（五千）之間。這些就是鄧巴所說的「已知面孔」，我們可能會在人群中認出他們，但沒有那麼了解他們是誰，因為我們投入到人際互動中的時間是有限的。

根據堪薩斯大學教授霍爾（Jeffrey Hall）的一項研究發現，我們需要在幾個月的時間裡投入兩百個小時才能跟陌生人成為好朋友。簡單說，這表示我們根本沒有足夠的時間來維持一生中可能遇到的所有友誼，這也解釋了鄧巴在他的書中所說的：「墜入愛河會讓你失去兩段友誼。」我們會在戀愛對象身上投入大量時間、精力和注意力，所以得在最內層的圓圈中挪出空間，否則我們跟戀愛對象之間的依附關係可能就會不穩定。

我第一次讀到這些研究結果，感覺就像有人往我的腦海中丟了一枚手榴彈。我以前不清楚維持友誼的能力並非取之不盡，用之不竭，寫下來看其實很愚蠢，但我過去真的覺得自己有辦法維持每一段友誼。我認為這是因為很多關於友誼的文化討論（尤其是女性之間的友誼），認為必須把這件事放在首位，如果你不持續培養友誼就是個失敗、道德有問題的人。社會上認為友誼的一致性應該是最重要的，完全獨立於各種生活的轉變，但現實生活當然不是這樣——我們可能談戀愛、結婚、搬家、生養小孩、生病或家人生病，經歷種種成功和失敗，了解人生殘酷的美麗。

一段友誼的半途而廢，並不一定代表「失敗」或「不好」，只是意味著你們不再適合，或者你們都已經學會了需要知道的課題，可以帶著愛繼續往前邁進，抑或代表這段友誼就是不夠重要到讓人努力維護。友誼的結束不會讓你變成為壞朋友。

我長久以來一天到晚都想要累積友誼，以防孤獨終老，但我完全沒有意識到，自己不僅為了衝數量而破壞最有意義的友誼的品質，而且也不可能滿足每個人的友誼需求。我是否有交友的「天賦」並不重要，這其實是個跟時間、投資報酬率和科學事實有關的問題。是的，友誼需要努力，但這種努力應該主要集中在核心圈子上，難怪我筋疲力盡。

獲得啟示對我來說很好，但並不是每個人都讀過相同的研究論文，我有些朋友現在位於一百五十人的圈子外，他們說不定很奇怪從 Instagram 上來看，我人很活躍於社交活動，為何不像以前有那麼多時間跟他們相處。社群媒體的難處在於它會給人一種親密的暗示，即使這種親密本身在現實生活中已經不復存在——而這會導致關係失衡。

我有個特別的朋友，姑且稱她為印蒂亞，她總是在社群媒體上嘲笑我看起來有多「忙」，但似乎就是沒有時間陪她。大一的時候我和印蒂亞很親密，她的穿著打扮和舉止都很特立獨行，我很驚訝她想跟我當朋友，但回過頭來看，我意識到這對她很有好處，因為俗氣的我能襯托出她的魅力。只有我們兩個人的時候，印蒂亞對我總是比我們在一群人之中時要好得多，如果旁邊有其他人，她就會常常拿我開玩笑，並聲稱這是她愛我的證據。最重要的是，她需要被男人當女神崇拜，有次我吻了暗戀好幾個月的共同朋友雅克，印蒂亞非常不高興，聲稱會「破壞我們的友誼小圈圈」，並向可憐的雅克施加壓力，逼他在四十八小時內跟我斷乾淨。雖然我非常傷心，但當時認為這是正確的決定——朋友比男人重要。畢業後，印蒂亞在度假時認識了一個男人，接著閃婚，很快他們搬離倫敦，她接連生下四個孩子。

多年來，我和印蒂亞保持著一種基於忠誠的親密關係。我記得她對我很好的那些時候，把過去的任何不適都歸咎於那時我們不懂事。印蒂亞總是半真半假地承諾會請我當她的伴娘、當她小孩的教母以及下次來倫敦時一定會來看我，但這些事情從來沒有發生。相反地，她一直要我去看她，我有幾次答應了，周末搭乘頻繁誤點的火車橫越全國，中間轉乘巴士，在傾盆大雨中等待計程車來接我。我進門看到的是心煩意亂的印蒂亞，她利用幫其他孩子洗澡的空檔，把嬰兒和奶瓶塞給我，並抱怨當媽媽的壓力。她似乎不喜歡做母親，但又敦促我趕快把握機會懷孕，我很想知道她是否快樂，但每次她都對我的詢問一笑置之，好像我在胡說八道。

晚餐時她和先生會問我有關記者這行的問題，他們對我工作中荒謬可笑的方面很感興趣。他們好像認為我明明可以安定下來經營小家庭，卻偏偏要做這種玩票性質的工作——簡而言之，他們頗為沾沾自喜。

這種相對頻繁的交流在畢業後持續了一段時間，但是隨著年齡漸長，彼此往來的間隔越來越久，我發現自己因此鬆了一口氣，我仍然會邀請她和先生參加一些聚會（他們會參加），但不再為了前去拜訪她而犧牲我的周末。自從我遇到賈斯汀，我們之間的訊息變得更加不頻繁，但偶爾還是會收到她的訊息轟炸，堅持我絕對必須去吃頓周日午餐才能「看看孩子們」。她說：「孩子們會很高興的，他們已經大到你認不出來了！我們太久沒看到你了！」表面上來看感覺是個不錯的提議，但她的語氣總會讓我感到內疚，我會和艾瑪一起檢查這些對話，艾瑪更加直截了當地說：「恕我直言，她的孩子根本不在乎有沒有見到你。」

艾瑪也指出，在這個人生階段，我確實沒有時間可以分給印蒂亞。人本來就會不斷改變生命中的優先事項，就像印蒂亞跟她先生剛有小孩的時候也是如此。比起維持令人筋疲力盡的友誼，不如用更有意義的方式善用我的時間，這麼做不僅合理也有其必要。

於是我逐漸減少與印蒂亞聯絡的頻率，我會回覆，但比以前少很多。隨著我的曝光度增加，社群帳戶的追蹤者也越來越多，印蒂亞最初說她覺得 Instagram

「俗氣」又「無聊」，並以「看好戲」的消遣心態追蹤我的動態，但是我注意到她越來越在意我的一舉一動。她每天都會看我的Instagram的限動，但從未對任何貼文按讚或留言。

每次在Instagram上看到我的新聞後，她就會私訊我，但這些訊息能讓人感覺到背後潛藏的憤怒：「哇，又出新書！我不知道你哪來的時間？」「又要出國去採訪？這樣的好工作誰不願意做？」幾個月之後，我貼出一張出版社派對上拍的照片，隔天就收到這樣一則訊息：「喲，好久不見啊，我們都快變陌生人了，你和新朋友玩得開心嗎？看起來你一直很忙。」照片中可以看到很多知名作家齊聚一堂，我能感覺到她打出的每個字都流露出不屑的嫉妒。

我把手機扔到桌子上，感到一股熟悉的羞愧和內疚。正在和我吃晚餐的朋友弗蘭西斯卡問我發生了什麼事，然後教我在回應這類情緒勒索行為時要表現出「快樂又單蠢」的樣子。換句話說，就是把對方的言論做最表面的解讀，不要去思考背後的深層意義，所以我聽從建議回覆印蒂亞：「我們玩得很開心，謝謝。」

印蒂亞秒回：「哪天能跟你約就太好了，如果你有空見我這種普通老百姓的話。」這真的是很典型的手段，先是要我在忙碌的行程中找出空檔，但接下來雙方的時間八成會搭不上，要喬到天荒地老。那些被動攻擊式的用詞「如果你有空」、

「我這種普通老百姓」，旨在刻意強調這些酸言酸語只是好玩，如果你認真了，就是開不起玩笑。

我繼續用「快樂又單蠢」策略應對：「我最近工作太忙了，但是會在忙完的時候跟你聯絡喔。」

畫面顯示印蒂亞正在打字，然後另一則訊息又傳來了。「我們現在就可以先約好幾個月之後的見面時間，這樣你就不會因為太忙而忘記了。」

看到這段文字我決定已讀不回，繼續好好跟弗蘭西斯卡吃飯。並非所有界線都必須明言表達，沒有社會上約定俗成的友誼語言，想要管理鄧巴所認定的那些友誼圈圈可能會很困難和尷尬，總不能跟對方說：「你曾經在我的核心圈子裡，但現在由於生活環境改變和年齡增長，我意識到你待在外圍的朋友圈會更好。」

社群媒體進一步加劇了這個問題，像 Instagram 這樣的平台可以讓人覺得一個人的友誼能力似乎是無窮無盡的，而實際上只能讓人瞥見極為部分的自己，這些部分本身是真實的沒錯，但無法構成一個人完整的面貌。有時把自己的消息公開在很多人可以同時看到的地方還比較容易，而非不斷向那親密的一百五十人逐一更新（尤其是像印蒂亞這樣不太討喜的對象）。

我開始經營 Podcast 是基於相似的感覺，Podcast 有如大講堂，我可以在一段特定的時間內跟很多人交流。這樣做讓我不用犧牲其他友誼，也能追尋更大規模的互惠關係。我經常被問到，我既然自認是內向者，怎麼能在一大群聽眾面前演講。有兩個原因，首先是我花了很多時間練習，儘管每次上台心裡還是很忐忑不安，但是我也有信心一定能做到。第二個原因是，我發現自己與人進行一對一的互動，會比跟一大群人互動要耗費更多精力。因為跟單一對象交談時，我會希望建立連結並確保對方感到舒適，而在講台、Podcast 或網路上，我可以同時對很多人傳達一件事，但不必承擔他們每個人的情緒能量。

只不過在我們急於譴責社群媒體所有的缺點時，這項優點往往被忽視。與現實生活中的友誼相比，維持這些網路朋友社群所需付出的努力相對較低。社群媒體也讓過去處於邊緣的人能夠被看到，比方說一九八〇年代，無法向家人朋友出櫃的同性戀青少年會覺得很寂寞，如今他們可以透過社群平台與他人建立連結，雖然這不是最佳解決方案，但是多少有幫助。事實上，滑手機瀏覽社群媒體時，經常會看到許多不同的生活方式，這並不是說社群媒體可以取代現實生活中的友誼（也不應該），但可以作為一種額外補充，甚至成為通往友誼的管道——我有朋友就透過 Instagram 認識了一位好朋友，他們都很熱愛 K-pop。

美國知名的皮尤研究中心於二〇一一年首次針對線上和線下生活進行大型調

查，訪問二千二百五十五名受訪者之後發現，越活躍的社群媒體用戶在各方面都有更穩固的關係。與沒有帳戶的用戶相比，臉書用戶獲得更多社交圈的支持——建議、陪伴、生病時的幫助等。研究人員表示：「每天多次使用臉書的人所獲得的總支持，大約是已婚或與伴侶同住的人的一半。」

後來在二〇二一年針對三百八十七名青少年進行的研究發現，那些使用Instagram最頻繁的人「在日常生活中體驗到了最高水準的友誼親密感」，線上交流的持續性和頻率的確鞏固了他們現實生活中的友誼。或者，正如《友情》一書的作者莉迪亞．丹維斯（Lydia Denworth）所言：「我們用來維持關係的媒介越多，這種關係連結可能就越牢固。」

寫這本書的時候，我的兩位繼子分別是十八歲和十六歲，他們在討論是否要去荷蘭阿姆斯特丹旅行，跟玩遊戲認識的網友見面。十六歲的繼子告訴我，他認為透過網路建立的友誼跟在學校發展出的友誼沒有區別，甚至認為自己說不定更了解這些網友，他們因為喜歡的電動一起度過很多時光，還會在遊戲時間以外視訊聊天（這讓我比較放心他們不是被詐騙）。對於許多有社交焦慮的青少年來說，線上友誼可以讓他們從現實生活中的互動壓力中解脫出來，有項研究證實了這一點：同一個遊戲網絡的成員「可能透過在網上結識的朋友，來填補現實生活中的社交支持赤字」。此外，有較明顯憂鬱症狀的成員比較可能向認識的遊戲同好尋求幫助。

我十三歲的繼女則擁有活躍的友誼群組，同時仰賴現實聚會和線上交流來運作。我第一手見證這樣的友誼可以有多親密，遠遠超過我在同年齡時對朋友的了解，這可以是好事也可以是壞事，但待在線上無疑讓她能夠與來自不同學校的更多人保持更多的互動。

我跟朋友最常用的溝通方式是WhatsApp，我喜歡它的群組功能。我從來沒有一大群相互聯絡的朋友，總是很羨慕身邊那些依然跟學生時期的好友群密切聯繫的人。這些友誼群組的成員通常可以一起約出來聚會，而不必辛苦地個別找不同的時間見面，不過缺點可能是人際關係的僵化，我知道有群大學朋友變成只跟群組中的成員往來，結婚生子後連彼此的小孩都會成為朋友，最終他們的人際關係就維持在十八歲時的樣子。不過，有這樣的空間願意欣然接受你的存在，想必真的很棒——你們永遠是彼此眼中那個天真的大一新鮮人，而且很有可能就此停滯在這個年齡心態，大家不覺得有必要挑戰這個群體思維。雖然裡面還沒有成員鬧離婚，但我好奇一段關係的破裂會對整個群體的微妙平衡產生什麼影響。

我從來都不是屬於單一友誼群組的人，人生中最大的友誼群組只有三個人。在現實生活中，三人群組可能很難駕馭，因為感覺沒有人能夠獲得需要的一對一優質時間，每次散會都覺得有點意猶未盡，但對我來說，完美的WhatsApp群組就是由三個人組成，最多四個人。在我常用的群組中，大家會分享感興趣的新聞、喜歡的歌曲、個人生活的最新動態、工作中的挫折、遇到困境時的加油打氣，還有很多很多的笑話。其中有個群組是專為一位母親剛剛去世的朋友建立的，這樣她就不必個別向我們更新近況。

數字三代表群組中永遠不會有弱連結，我們就不會某天突然發現有成員的政治觀點跟自己完全相反。我曾加入籌備婚禮或其他大型活動的群組，它們的運作方式非常不同，分享完第一波的活動心得和搞笑照片之後，我們大多數人都不熟到難以繼續聊天。三人群組確保我們都能有足夠的安全感，可以透露內心最深層、黑暗的想法和祕密。

WhatsApp群組的功能與受保護的小型社群媒體網絡類似：我們可以每天跨越不同的時區和生活階段保持聯繫，不必費心費力地安排見面時間。當我們真的見面，因為已經知道彼此生活中發生的大部分事情，所以可以跳過那些尷尬乏味的開場客套話。回覆訊息的時候也比較沒有壓力，因為「群組」意味著其他人可能會介入回答，所以如果你當下沒有那麼想交際，就不必勉強回覆。我的朋友米亞有時會在群組聊天中消失數周，因為有其他事情要忙，這種情況下我就會單獨傳訊息關心她。我們有個默契，明白不是什麼個人問題都能在群組中分享，而且因為彼此都是內向的人，都知道WhatsApp可以一鍵刪除的美妙設計，我們心有靈犀，不需要多加解釋就能明白。

社會學家麥凱布（Janice McCabe）在她的著作《大學裡的連結》中確立了大學生中三個主要的朋友類別：緊密聯繫者、分隔者和採樣者。麥凱布認為，「緊密聯繫者」顧名思義，有個緊密交織的友誼群組，群組中幾乎所有人彼此都是朋友；「劃分者」的朋友可以分成兩到四個群體，各群體內的朋友彼此認識，但很少會跨越不同群體。「採樣者」會從不同的地方結交一、兩個朋友，但這些朋友之間也沒有連結。

緊密聯繫者就是我前面提到的大學同學，他們會相互通婚、一起去度假，而我是採樣者，但WhatsApp讓我有能力成為分隔者，這一點在疫情期間對我來說尤為重要，因為我身為自由工作者，沒有可以穩定進行日常互動的辦公環境。

儘管大家常說網路上的友誼不能取代現實生活中的互動，我倒不這麼認為，因為每段友誼都有自己的內在平衡和演化周期。有些朋友需要實際接觸，但並非所有人都是如此，根據我們所處的人生階段，友誼應該要是可以透過不同的方式來建立連結。真正的友誼是關於成長和接納，而不是停滯和恐懼，這種成長有一部分是理解我們手邊有各式各樣的工具可用來培養不同親疏程度的關係，而不是被困在單一且傳統的「友誼應該是什麼樣子」的心態中。有些關係透過 Instagram、WhatsApp 或 hotmail.co.uk 電子郵件能夠產生最棒的交流，有些關係則是藉由面對面帶給你最大的快樂。每個人都有自己適合的友情交流模式，如果我對此有任何進一步的想法，說不定會傳送十分鐘的 WhatsApp 語音訊息跟你分享。

友誼錄音帶

莎莉

莎莉・艾魯拜，三十歲，業務專員。

身為內向的自閉症患者，我不喜歡參加聚會或者過度社交，覺得這很累。我當然可以現場閉上嘴巴不跟人說話，但大家就會以為我玩得不開心，然後再也不邀請我了。

我一直覺得必須盡可能地多加嘗試和掩飾，但往往失敗收場，周遭的人會慢慢疏遠我。這件事對自閉症患者來說，會覺得都是自己的錯。

自從我在二十四歲時被診斷出患有自閉症，我腦中一直熄滅的燈又重新亮了起來。我以前會把所有事情都怪罪到自己頭上，比如我為什麼這麼不會社交、沒有很多朋友等等。在得知診斷之前，我從來沒有合理的解釋可以幫自己辯護：「我不是不講道理，是其他人不講道理，他們選擇批判而不是理解。」

有次我工作幾個月之後，哥哥問我有沒有交到朋友，我真的不知道，我認為

「朋友」這個詞有點模棱兩可。我問他：「你說『交朋友』，是指記下某人的電話號碼並在工作之外與他們見面嗎？還是說會在工作場所跟他們交談就算？」我心裡無法區分兩者。因為我不太會解讀別人的意思，所以不一定知道誰真的想成為朋友，誰不想成為朋友。即使我知道不是我的問題，但仍然會一直認為自己做錯了什麼。

自閉症的奇怪之處在於，你內心有一部分想要交朋友，想和人一起出去玩，但同時你也想要擁有自己的空間，想要自己做主……當我一個人的時候，我覺得我可以清晰地思考，可以想出很多點子。

出於某種原因——我不知道為什麼——在這個國家，大家會因為現場有一個很安靜的人而感到困擾，進而產生敵意，好像安靜是一種傳染病。我覺得真的很奇怪，因為如果我周遭是伊拉克人，沒有人會在意你是安靜還是大聲。他們只會很高興與你加入團隊，將你無條件地包容在內。

12

艾瑪

最好的朋友

撰稿的過程中，我一直在審視友誼對我的意義，並刻意避開這個問題的另一面，也就是我本身是個什麼樣的朋友。我其實有點想忽略這個問題，因為這不好討論。我知道自己過去作為朋友的行為中，有些元素既不光彩也不可愛，它們讓我感到慚愧又可恥，因此很容易想將自己的不足歸咎於他人。儘管我力求誠實，但自知一定有盲點——無論是成長背景、記憶錯誤、害怕做錯事情的恐懼，又或者是以上所有因素加總所造成的，任何關於友誼的談話都不能只有一個人自說自話，這就是為什麼我試著盡可能涵蓋更多不同聲音，以補足自身狹隘的觀點，然而這次的交流還有一個缺失，那就是與自己進行一場清醒的對話。

所以以下開始進行——我是一個好朋友嗎？

我首先想挑戰問題的前提，什麼是「好」？「好」本身隱含著正直的美德感，也包含著一種信念，即自己的價值是由別人的意見（被期望或認可）或某種無形的指標（具有所需的品質）決定的。這樣說來，假設你結束了一段有毒的友誼，你就是「壞」朋友嗎？又或者，為了回報愛你的朋友，你想讓自己變成更好的人？到底是誰在為友誼設定標準？當然不是世界衛生組織底下的哪個委員會，也因此對於什麼是友誼，沒有正式的、大眾普遍接受的協議，所以一個人幾乎不可能達到「好」所隱喻的標準。

我認為更好的用字是「真正」。真正代表著忠誠、誠實、真實、接納和坦白，沒有必然的主觀道德枷鎖。那麼，我是一個真正的朋友嗎？

在扣分欄位中，我列出了以下內容：

> 如果我認為會引發衝突，就很難說出真正的想法。我覺得這樣做很讓人失望，因為我讓對方相信一切都很好，而不是誠實地表達我覺得受到傷害的事實。
>
> 對於朋友帶給我的感受，我並不總是誠實告知，因此讓嫌隙加深而導致怨恨。
>
> 我不擅長結束一段友誼，所以有時乾脆默默從對方的生活中消失。我也對朋友使用過人間蒸發這一招，我感到非常羞恥，但我太害怕了，不敢再和他們聯絡並道歉。
>
> 成為一個「真正的」朋友必然需要誠實以對，我知道自己不是一直都這樣。我會撒謊來逃避坦白提出一個潛在的問題。

寫出來感覺我這個人很糟糕，有人會想和我做朋友真是個奇蹟，但在我將「喜歡自怨自艾」加進扣分欄位之前，先來思考一下作為「真正的」朋友所必須包含「本真」（authenticity）。在這一點我認為自己做得比較好。「本真」源於古希臘語，意為「原始的、初級的」，跟英文中的「作者」和「權威」是同根詞，這代表我們不能在不了解自己的情況下，成為自己生活中的主掌者。不僅如此，唯有掌握那種本真，我們才能寫出屬於自己的故事。本真不僅僅是「真的」，而是關於表明有能力講述自己生活的故事，不真實代表其他人會將他們對你的看法投射到你提供的一張白紙上。

所以在加分欄位中，我會這樣寫：

我很忠誠。

我很善於接納，有時甚至有點過頭，導致容易在有毒關係中停留太久，然後又對結束這段關係感到內疚。

我開始變得更加真實，並嘗試直截了當地實話實說。

總之我還有成長的空間。諷刺的是，雖然不太確定自己是否想被歸類為好朋友，我卻可以毫不猶豫地將自己定義為「最好」的朋友。「好」可以是一個變動的尺度，端看每個人最看重的友誼特質為何，而「最好」則意味著是「最重要的」。我生命中只有一個最好的朋友，你已經認識她了——艾瑪。

稱她為「最好的朋友」好處是，這能讓雙方更清楚你們想從這段關係中得到什麼。你們有如為彼此貼上標籤，這麼做無論是對彼此，還是對更廣泛的熟人群來說，「最好的朋友」的重要性會被清楚描繪出來。從這一點來說，「最好的朋友」可以說是社會對於非愛情關係所能認可的最深刻同伴情誼了。

關於我和艾瑪是如何認識的，我們兩人的回憶存在著歧異。我一直聲稱當年我是在新生周走進大學酒吧，發現一群男生圍著一位漂亮的金髮女生，他們被她的笑話逗得狂笑不已。那女生身上穿著一件印有「亡命天女」字樣的T恤，看起來很自信、風趣，對自己也充滿信心，那時我心想，不管她是誰，我們一定處不來。

那群男生中有我認識的人，他示意我加入他們，我很緊張，同時也對這個女生很感興趣，她似乎代表了我所不具備的一切——外向又自信，還有那金髮碧眼的亮眼外型。我一走過去，艾瑪就對我有興趣，反而不太在意那些男生，我這輩子從來沒有這麼快速推翻第一印象的經驗，我完全誤會她。要到很久以後，我才發現她當時表現出的自信和外向是掩飾不安和不自在的方式，她天生的髮色其實是深褐色——就跟我一樣。

這個故事我跟家人、朋友和艾瑪的兩個孩子講過很多次，我甚至把第三本小說獻給她，上面寫著「這是獻給亡命天女的」。直到疫情結束，有次在視訊聚會中時她才告訴我我記錯了，她在大學酒吧時並沒有穿那件T恤。大學的新生周是在九月，T恤是那年十二月去聽演唱會才買的。

「什麼?!」我倒吸一口氣。我很清楚艾瑪的記憶力絕佳，不得不承認自己記錯我們相識時的關鍵細節，不僅如此，我還一次又一次地講出去，而艾瑪從來沒有說過什麼。一直以來，她都知道並保持沉默，以免讓我難過，也許她真正的意思是，記錯某個細節並不影響整體感覺。

儘管我們之間的連結幾乎是當下就產生了，但我和艾瑪花了更長的時間才將彼此標記為最好的朋友。我們的友誼之旅其實跟現代人的戀愛過程很相似，我們先是在團體中認識、互相喜歡，然後花更多時間一對一互動，最終認定彼此為「最好的朋友」。

流行文化中有一種誤解，認為最神奇美妙的愛情是從一見鍾情開始的。我過去理所當然認為自己的戀愛關係就是這種情況，直到三十九歲我才意識到，我最珍視的那種愛是緩慢燃燒的愛：剛開始有小火花，隨著時間的推移逐漸建立起來，讓我在穩定的累積中產生安全感。我不想要一開始絢爛爆發但消失在黑暗中的煙火，而是想要精心照料的營火，讓我們能更長時間地保持溫暖的熱度。

我現在發現到自己也喜歡這樣的友誼。我之前常因為交友癮所帶來的興奮感，而忽視了這一點，往往過了幾個月才發現這個朋友不是我想的那樣，或者我們雙方對於友誼的期待有很大的落差。依我的個性，到那時想要抽身已經來不及了。

我和艾瑪之間的「最好友誼」就是慢慢建立起來的，雖然大四那一年住在一起，但是畢業之後我們的關係才真正變得更深刻，當時兩個人都面臨成人世界的種種挑戰——工作、理財、男朋友、分手、搬家，以及非繳不可的稅金。

中間當然也經歷過友誼可能破滅的時刻，我們藉此（有意無意地）測試了這段友情的強度。那時候我們剛搬到倫敦，我決定不和艾瑪當室友，而是找了另外三名畢業生合租房子。我的理由是，有鑑於艾瑪是如此珍貴的朋友，我不想因為柴米油鹽醬醋茶的日常瑣事而破壞我們的友情。但這樣做讓艾瑪覺得很受傷，好像被我忽視和排除在外，而那時我太不成熟，不知道如何彌補傷害。我為了寫這一章採訪艾瑪時，她提到那是我們友誼發展過程中很重要的回憶之一。

艾瑪：我確實對我們的友誼不那麼有安全感，因為我不忠於自己。大學畢業前後有一段時間，我很想遠離這個世界，只想和你在一起。那時對我來說覺得很辛苦，因為你沒有跟我在同一個空間裡，你正在發展可以滿足你許多不同需求的朋友圈。那個時間點我需要做出決定，是否能容許你有很多親近的朋友以及我是否可以接受。

我其實比較希望可以說服你一起逃避出社會這件事，但是你那時不是處於這樣的狀態，你準備搬回倫敦並且大展抱負。我想我當年真的需要這段艱難的經歷，而且我知道對你來說也很不容易。我真實的感覺是：「我想要什麼？我想讓自己成長，也希望小莉活出最完整的樣貌。」只是那時我甚至沒有發現你也有自己的課題，面對這件事會得出跟我截然不同的看法。所以我真的很高興這件事情發生過，感覺我們各跨出很大的一步，我在這段關係中覺得更加安全，因為我沒有繼續依賴你，而且你也離開了不是真的很喜歡的大型友誼圈。

艾瑪是對的，合租房子的生活跟我想像的不一樣，我反而明白自己想花更多的時間與她一對一相處，因為那是最能滋養和支持我的東西。我也很高興有過這樣的經歷，因為這讓我更清楚自己有多重視艾瑪，雖然還是很希望當時能以不同的方式處理這件事。

在此之前，我一直在刻意迴避友誼中任何可能的緊張局勢或分歧，因為我太害怕失去它們，這是我第一次發現，在正確的關係中，破裂不僅可以承受，而且還可以修復。艾瑪坦誠告知她的感受，這代表我們都可以解釋自己的動機。那次經歷讓我們更親近，友誼的堅實基礎又多築起一道穩固的城牆。

結束合租之後，我搬進了自己租的公寓，艾瑪幫我縫製百葉窗和拼布毯，房東還多給我一張折疊的泡棉沙發床，她經常來過夜。有天我下班回家時，在街上被四個男人搶劫，他們搶走筆記型電腦，還往我臉上揮拳，但我設法保住手提包。警察後來告訴我，我很幸運，搶匪身上有帶刀，因為我手上裝東西的塑膠袋底部被俐落地劃破了。當時我非常驚嚇和不安，所以搬到艾瑪家附近，剛好在她家門口步行兩分鐘的地方有一套待售公寓。我在那間公寓度過幸福的四年時光，這是我們友誼中最快樂、最充實的歲月之一。

我記得我們總是開懷大笑。有一次為了給暗戀的同事留下好印象，艾瑪穿著高跟靴在吧台上跳起熱舞，結果在挑戰高難度動作時摔倒，腿部肌肉嚴重扭傷，但她堅持不要在這位同事面前繼續出糗，立即起身，用酒來麻痺疼痛，還持續跳舞。我不知道她怎麼做到的，儘管幾乎不能走路，她還是設法回到了家，第二天她打電話跟我說無法起床，請我過去照顧她。（補充一下，這位同事後來變成她老公。）我也記得一起度過的平安夜，我們會玩「以歌曲的前幾個和弦來猜歌名」的遊戲。有天晚上我們去吃飯時，她幫我拍了一張醜照，害我一開始很沮喪：「我真的長這個樣子嗎？」艾瑪說：「不，只是角度和光線不好。來，我拍給你看。」接下來的半小時裡，我們故意拍下彼此最糟糕的樣子，以證明手機攝影鏡頭有多不可信，兩個人都笑到歇斯底里。直到今天，我偶爾還是會故意傳一張可怕的自拍照給艾瑪。

老實說，我們二十多歲時經歷了非常茫然和高壓的十年。我們都在努力塑造自己的身分和事業，同時假裝在周末與一大群人去夜店玩得很開心，模仿影集《慾望城市》猛喝柯夢波丹調酒。問題是，這樣做從來沒有那麼有趣，我們更喜歡兩人作伴一起出去玩，而且玩得很瘋。我們在彼此的陪伴下找到了安全感，知道在對方面前可以放下偽裝，我們最喜歡做的事情之一就是在電影院一起看電影，誰都不必說話，同時享受共同體驗帶來的寧靜快樂，喝不到柯夢波丹也無妨，我們彼此之間的依附更深刻了。

⊙ ⊙ ⊙

身為治療師的工作中，艾瑪經常把「依附理論」運用在個案身上。該理論最早由英國心理學家約翰・鮑比提出，側重於人與人之間的關係，尤其是嬰兒與主要照顧者之間的關係。它有四個類型：「安全型依附」是指嬰兒在與照顧者分開時表現出痛苦，但在父母回來時很容易安撫；「焦慮型依附」是指嬰兒在尋求安慰的同時也試圖懲罰父母的缺席；「逃避型依附」是指嬰兒對分離沒有感到任何壓力，父母回來時會忽視或主動避開照顧者；最後，「紊亂型依附」是指嬰孩沒有可預測的行為模式。

無論是否受到早期童年經歷影響，大多數人都會認同其中一種形式的依附類型，我很焦慮和沒有安全感，這表示如果有人向我表達愛意或做出愛的承諾，我想透過持續獲得對方的認可來保住他們對我的注意力。我最害怕拒絕別人，正是因為我擔心這樣會終結依附關係。

我三十多歲的時候明白這塑造了我對浪漫愛情的態度，但直到現在我才意識到它也可能對我的友誼產生重大影響，艾瑪是這樣解釋依附理論：

艾瑪：假設你是在遊樂場玩的孩子，你需要的是父母或照顧者挑個地方坐下，最好隨時都關注你的動態。如果父母這樣做，作為孩子的你就能夠隨心所欲地來來去去，你能夠嘗試、探索、發現、發展和成長，在公園和遊樂場嘗試所有不同的東西。每次你環顧四周，他們都會待在同個地方，這能幫助你走得更遠，因為你知道無論何時回來，他們都還會在那裡。如果他們不在那裡——因為實際上他們會四處走動、看別的東西、改變位置或者離開公園，你就無法安心探索，必須留在他們的活動範圍內，因為你是負責保持這股連結的人——他們沒有承擔這個責任。

艾瑪的依附類型是逃避型，這表示她傾向於將自己完全排除在風險之外，因為害怕對方會讓自己失望。這就是為什麼她想在大學畢業後和我住在一起，而且是「只跟我住」。據她的說法，這會使我們成為「天作之合」的朋友。

艾瑪：伊莉莎白，你有著「焦慮型依附」，所以在一段友誼中真正對你有幫助的是一直停留在原地不動的朋友，也就是像我這樣的人。這並不表示他們不能完全體驗自己的生活，或不能有自己的旅程和探索，但他們待你始終如一，堅如磐石，每次你回頭找他們，他們都是一樣的，他們就在你離開的地方等你。我認為這就是為什麼焦慮型依附的人，找逃避型依附的人當最好的朋友會有實質幫助。

另一方面，對逃避型依附的我來說，經常覺得世界上不可能有人會在自己需要時伸出援手，但你總是握住我的手說：「讓我們試試這個，我們可以一起跨越！那個怎麼樣？這個呢？」你總是鼓勵我要心懷希望和信念去面對挑戰，並承擔巨大的情緒風險，這就是你經常教我的東西。

我提醒艾瑪，我花了很多年才獲得她足夠的信任，讓她允許我擁抱她，然後又過了好幾年，她才能在被我擁抱時真正放鬆身體。現在我們經常相互擁抱，有時她甚至樂在其中。

至於艾瑪提供的安全感，就是我做出錯誤的人生選擇時，她知道最明智、最有愛的做法是支持我，同時溫和地探索我正在做的決定。她經常耐心等待這些糟糕的選擇自行消化掉，知道我需要適當的時機才能學到其中的教訓。

我住在艾瑪家附近的那段時間，跟一位名叫鮑比的男子交往。他可以歸為「紊亂型依附」，講白一點，他有點像渣男。我被他的人格魅力、英俊的外表和高大的身材迷住了，完全不敢相信這樣的天菜會對我感興趣。鮑比會隨身攜帶一包濕紙巾，以確保腳上的白色運動鞋保持全新狀態，當鞋子碰到很小的髒汙時，他會立刻抽出濕紙巾頻頻擦拭，一邊小聲嘀咕著髒話。這是我看走眼的第一個警示，但當時我覺得那是很可愛的小怪癖。

他花了很長時間才同意認識艾瑪（這是另一個警示）。我們去她家吃晚飯時，我煞費苦心地填補談話中的任何空白，就為了確保他在艾瑪眼中也同樣英俊又風趣。我男朋友以軍事等級的精準度展示了他一貫的魅力，那雙運動鞋一如既往地一塵不染。艾瑪表現得很淑女、和藹可親、健談，但那晚過後她沒有多說他什麼。

我告訴自己艾瑪本來就不是會過度表露情感的人，內心深處其實隱約感覺到有些不對勁，但我選擇忽略。回想起來，我發現她從未實質說過他任何好話。

這段關係可說是歹戲拖棚，大約六個月後，因為鮑比拒絕跟我一起參加重要的生日派對，我打電話給艾瑪訴苦：「他說行程排那麼滿讓他壓力很大，但我也完全理解——」我接著幫他找了一大堆理由。艾瑪說我感覺被拒絕是很合理的，然後補充說：「他不是一個壞人，但這就是他不成熟的表現，他表現得……有點爛。他也不是不愛你，但他就是個……」

「混蛋？」

「是的。」

奇怪的是，這讓我感覺好多了——知道有人的言行「有點爛」並不是針對我。鮑比從來沒有跟我一起出席聚會，取而代之，我都是帶艾瑪參加，並度過更快樂的時光。我和鮑比交往了一年多，他突然提分手，理由是「還沒有準備好」（典型的渣男手法），直到那時艾瑪才告訴我她對他的真實看法，她稱他為「幼稚大寶寶」。她也知道在我一頭熱的時候，說出真實想法反而會把我推開，我就不太可能向她吐露心聲。這樣做也會讓我覺得被生命中最重要的人拒絕了——不是那個幼稚大寶寶，而是艾瑪。

被甩後我去艾瑪家療情傷，經過她幾天溫柔又慈愛的照顧，感覺自己比較堅強了，我不需要向她解釋任何事情。她知道我有多難過，她能做的就是確保我總是有一條毯子可以把自己包起來。

艾瑪二十多歲時也跟一個男人交往，他一開始人還不錯，但幾個月後變成佔有欲強、嫉妒心強，導致這段關係風風雨雨，起伏不定。他們同居之前經歷多次的分分合合，艾瑪可以看到這個人的優點，也明白他的過去對他造成什麼樣的傷害，她一再試圖幫助他找回真實的自己，但始終無濟於事。我告訴艾瑪我不認為這種關係可以長期維持下去，她則說這不關我的事，那是我們有史以來最接近鬧翻的一次。雖然很不想回憶那次的爭吵，但她是對的，這的確不是我能干涉或批判的事，我該做的就是她曾經為我做過的事——在旁支持她，幫助她完成自己的思考，而不是覺得我必須支持他們整段感情關係。後來他們真的分手了，他搬出同居公寓的那一天，艾瑪請我陪同在場，以免出什麼意外。

艾瑪：我認為如果沒有那些經歷，我們現在的關係就不會如此有安全感。我們的友誼會變成只奠基於相同的信念和樂觀，而不是奠基於共同的生活經驗。我都快要不認識那時候的自己了，因為我現在可以看出自己怎麼進入逃避心態，下意識做出與「我覺得應該要這麼做」的相反決定。

我認為每次自己這樣做，都是源自內心稍微遠離本真的陰影。你也發現我會因此忽視你實際注意到的事情，言行舉止也變得讓人很不舒服。我之所以這樣做，是為了維持眼前對我來說不健康的關係，這是因為……

伊莉莎白：因為你想救他。

艾瑪：沒錯。

在我做過的錯誤決策中，只有一次艾瑪覺得必須積極介入，當時我的交往對象是恐怖情人的類型，艾瑪很擔心我的身心安全。我們都記得這是這段友誼中相當重要的時刻，她冒著我可能會惱羞成怒的風險，告訴我真正需要聽到的真心話，我們都用「玻璃隔板」來稱呼這個事件。

艾瑪：那幾個月你在心理上變得越來越安靜，你的自我越來越模糊。我找你談的時候覺得坐在對面的人是虛擬的你，你最真實的自我已經縮小到幾乎無法察覺的程度。我對你說這感覺就像在敲玻璃隔板一樣，因為我們該好好談論你的感受以及這段關係對你的心理有多不安全，但那一小部分的你正在我眼前溜走。

那一刻讓我覺得「現在一定要打開天窗說亮話了」，然後這才開始慢慢討論到你到底發生什麼事。我以前可能會放手讓你去從中學習教訓，但這次我不能再坐視下去了。我沒有進行任何批判，單純就覺得需要點醒你的事情提出非常尖銳的意見——我真的非常不想對你這樣做，因為我想當個總是給你空間以及與你感同身受，支持你的做法的朋友。

伊莉莎白：但那時我需要它。

艾瑪：你他媽的很需要。

伊莉莎白：我那時已經失去自我，需要有人幫我一把。

艾瑪：我覺得真正可怕的時刻是在那段談話之前。有幾次我和你講電話的時候，只要聽到你的前任走進門，你原本正常的語調就會瞬間變成像七歲小女孩的聲音，突然將全部注意力轉移到走進她周遭環境的權威者，那種充滿自貶、自嘲與崇敬的聲音，實在太嚇人了。

艾瑪給了我離開這段關係的力量，是她幫助我確定離開的時間表，也是她讓我放心自己正在做正確的事。我在緊張的自我懷疑狀態中度過幾個月時，她仍然堅如磐石待在原地，從來沒有因為我陷入如此致命的關係，或者是我因此認為自己是個失敗者而批判我。相反地，她說由於我的真實，她更愛我了。她幫我突破那層玻璃隔板，看著我又重新找回自己，鬆了一口氣。

艾瑪：我同時也知道自己無能為力，離開這個男人的決定權不在我身上。我只能坦白跟你說：「我不認為你應該繼續這段關係。」

伊莉莎白：其實你也可以跟我說：「你再這樣下去，我要去找新的『最好的朋友』了。」這樣我就會立刻跟那個混蛋斷絕往來。

我當然是在開玩笑，但是正如我們所見，「慢慢了解彼此」並不是很糟糕的想法，畢竟想要獲得最好的友誼的關鍵，就是釐清你的友誼指標。對於有些人來說，他們的衡量標準是時間：和你相處的時間越多，他們就越覺得這段友誼是健全的。有的指標是共同的興趣，或者是對彼此的關注度，關注度與相處時間略有不同，有些人喜歡聽大量的讚美或安慰，就算朋友每年只說一、兩次也無妨。

我的衡量標準則是相互寬容，不是實質上的借錢或烤蛋糕給我吃，而是在精神上我需要朋友們寬容地為我著想，信任我，對我懷有善意，我也會這樣對待他們。我們不必見面，不必講電話，甚至不必記住彼此的生日，但是每次我想起你，都會感到溫暖和安全，因為你愛我。我們真的見面時，聚會都是讓人滋養心靈和友善的。我們不會讓彼此感到內疚，永遠不會臆測對方不在乎自己，並且允許彼此做真實的自己——這是我們最看重的一點。我們為各自的成功感到高興，為彼此的悲傷感同身受。在人生面臨危機的時候，我們會竭盡所能互相幫助，簡單地問「你需要我幫什麼？」之後認真傾聽對方的答案。

我的朋友海莉住在澳洲，她的女兒烏瑪是我的教女，我很不擅長任何定期性地保持聯絡，一直是很糟糕的教母，但烏瑪五歲時有一次來英國玩，她對我說：「我不在乎禮物，我在乎愛。」現在我和烏瑪都會傳錄影訊息給對方，我前一陣子也傳給海莉一則遲來的語音留言，對此深感抱歉，但她說我們聯絡的頻率並不重要，她一直認為我是她「最喜歡的朋友」之一。她繼續說：「時間和空間是折疊的，就像折紙一樣。所以我知道當這張紙對折的時候，你會在那裡，彷彿這十年的歲月從沒發生過一樣。」她是對的，我看到她也會更加快樂，因為沒有任何不切實際的期望或內疚。我的另一個朋友黛西也一樣，我們兩個人都沒有壓力非得怎麼樣互動或相處才行，所以我們見面是因為真的想見對方。我們會讓另一半顧家，去西班牙馬約卡島來個女子度假之旅，我們並肩默默享受日光浴，訂兩間單人房，有時候晚上各自叫客房服務，開心窩在房間裡做自己的事。

但對於那些以時間作為友誼主要衡量標準的人來說，他們可能會把「分離」視為拒絕，我前面提過的鄰居瑪姬就是一個例子。印蒂亞對「時間」的重視也遠遠超過其他因素——包括我是否有時間可以應付。可是，在成為朋友之前，我們從未討論過彼此如何衡量友誼，也從未留點空間去了解彼此，或許我們都該這樣做。我和黛西、海莉或艾瑪相處起來輕鬆自在，代表親密感不見得要靠長期相處來培養，甚至也可以說，沒有長期相處反而更加襯托出我們有多親密。對我來說，這是很寶貴的寬容之舉。

我和艾瑪很珍惜我們在一起的時間，但都不認為這是最重要的因素。我們兩個人都能很快達到艾瑪所說的「關係深度」，由於彼此都忙於經營自己的事業和家庭，所以學會讓我們在一起的時間雖短卻很有意義。我們充分利用我們擁有的時間，而不是哀悼我們不能相聚的時間。

根據二〇二〇年對兩千名美國人進行的一項調查顯示，需要四年的時間認識一個人，才有機會認定對方為「最好的朋友」，而友誼本身也需要受到考驗，有32%的人表示陪伴自己走過情傷的朋友，後來成了「最好的朋友」。

為了寬容地為彼此著想，我們必須從不批判開始，因為不假思索地做出判斷往往源於無知（不知道對方的行事邏輯）或恐懼（相信他們的選擇對自己的生活構成威脅）。在一段友誼之中，你們越了解彼此就越能談論發生的事情，你也會越少盡興批判。我和艾瑪早期那些關係瀕臨破裂，又獲得修復的經歷對我們很有幫助，讓我們明白雙方可以承受意見的分歧。

艾瑪：我一直都知道不管你做什麼或說什麼，都有很好的理由。不過這並不表示我就不會在乎和關心，而且如果事情沒有按照你希望的方式進行，我會在旁提供幫助。我從沒想過要控制你，我想這就是有些人批判心很重的原因。我沒想過要強迫你跟我立場一致，也從沒想過要利用你來滿足我的自尊心。

伊莉莎白：但我倒希望你能控制我一下，我常自我懷疑做的到底對不對。

艾瑪：你會直接來問我。你另一個優點是，不會因為我的做事方法跟你不同，就用酸言酸語之類的小手段來貶低我，以此獲得自我滿足。

伊莉莎白：沒錯，我們之間不會玩這種控制的心機遊戲。

艾瑪：我八歲的女兒艾莎就會因為別人的言行而感到受傷或被忽視，或者是不懂人家為什麼要這樣對她。她還在找尋應對的方法，我經常對她說：「有時候我也會跟小莉阿姨說錯話，可能是我傳的訊息用字不對，或者她沒有回覆給我的訊息。」實際上，我們對彼此的所有行為都願意採取積極且寬容的解讀，認為對方不是刻意要傷害自己，人都會有比較低潮、忙碌或不方便的時候。這對我來說感覺很特別，如果我沒傳訊息給你，你就會知道那是因為我正在忙。

伊莉莎白：我也一樣。這是多美好的友誼禮物。

在對方有需要時提出質疑，但不做批判。朋友沒辦法看清楚自身問題時，我們更要以愛的目光去看待他們，那對我和艾瑪來說才是最真摯的友誼。

艾瑪：從根本上說，友誼不同於友善，我對這點非常有感，我對某個人友善並不表示我想要跟他們交朋友，因為我非常珍視友誼的完整性和目的。我也認為現代人多少被社會洗腦，認為自己不跟別人交朋友，就是個很不友善的人。我可以在派對上友善地對一個人說：「很高興見到你，今晚我度過了愉快的時光。祝你一切順利。」但我不會主動提議要再跟對方見面。

伊莉莎白：但是如果有個還算常聯絡的人，才見過你一次就說：「我們約個午餐吧。」你會怎麼處理？你會直說「不好意思我沒有時間，祝你一切順利」，或者就忽略那則訊息？

艾瑪：我想這時我會設立非語言的界線，所以我會採取一致的行動，有可能什麼都不說，或者「我現在不方便」、「我沒有想要吃午餐」。我說不定會更直截了當地說：「這主意聽起來不錯，但我認為你正在我身上尋找一樣我沒有的東西。」

我認為自己是個「友誼自由業者」，只要相處規則對我們雙方都適用，那麼我就願意當對方的朋友。我不想當個要按表操課的「上班族朋友」，要結束這樣的友誼說不定還要先找到接替的人，我不想要承擔這樣責任。

伊莉莎白：那麼你如何定義真正的友誼，你認為它的目的是什麼？

艾瑪：它帶給我無條件的愛和全然接納，以及讓我可以認識到過去所不知道的自己。真正的友誼帶領我登上人生的高峰，也讓我知道在最低潮的時期有安全網保護我。我感到失控時，它包容了我，並且用我無法允許自己接受的方式大力讚美我。

我覺得它的目的說不定其實很普通。它是為了滿足我們自童年起所有未滿足的需求。對我來說，友誼的目的是治癒心靈，我現在明白了這種區別，一旦感覺這段友誼對我有害，那麼一切就結束了。不管是意識到友誼的結束、這段友誼從未開始，或者它反映出我的個人課題，這些對我來說都只是療癒的過程，友情只能是讓我做最真實的自己。

我非常喜歡這個說法，薩特南告訴我朋友是可以提供幫助的人，艾瑪也說了類似的話。真正的友誼有助於治癒過往的失望和現在的錯誤。真正的友誼是不斷變化的生活海域中的一艘木筏，我追問她認為我對友誼的態度可能是什麼，艾瑪的回答更深入。

艾瑪：友誼是關於兩個人為了所有的正面目的，而自願想要體驗彼此的連結；除此之外的任何關係都是我們童年創傷事件的重演。所以這個問題「我怎麼看待你和友誼」？我的回答是我認為你真的有在學習「真友誼」和「假友誼」兩者的區別。

她說得太棒了。這些年來我一直瘋狂地讓自己被人群包圍，不斷煩惱是否有人喜歡我——所有這些都是我童年感受的重現，那時身為一個沒有朋友的小女孩，我感到孤獨又恐懼。這種感覺對我來說太熟悉了，已經成為內心的預設值，所以每當友誼出現問題，我就會一次又一次地重溫這股感受。我為了避免碰觸內心的課題，只能不斷結交越來越多的朋友，以減少孤獨感，成為惡性循環。

聽到艾瑪這麼說，我更加確定擁有一群精挑細選的密友的重要性——作家厄比（Samantha Irby）稱之為VIP朋友。他們理解你、接納你，並且你大部分的時間和情緒能量都會投注到他們的身上。對我來說，這些友誼是隨著時間的推移逐漸建立起來的，雙方都有足夠的安全感和信任。這些朋友從不批判你，而是在你需要時提供明智、富有同情心的建議。當然，正如鄧巴提出的不同友誼層次，我們無法追尋太多這樣的朋友，因為會破壞這類友誼的本質。這就是為什麼對我來說，「最好的朋友」這個標籤很重要，雖然聽起來有點幼稚，但它是向這個世界宣佈我們對彼此有多重要的稱呼。

⊙ ⊙ ⊙

擁有一個「最好的」朋友能帶來什麼客觀的價值嗎？二〇一七年，一群專攻兒童發展的研究人員發現，在我們年輕時擁有一個最好的朋友可以在我們未來的心理健康中發揮重要作用。

該研究追蹤了一百六十九名青少年在三個年齡的狀態：十五歲、十六歲和二十五歲。到二十五歲時，那些擁有親密友誼（研究定義為「高度依附、親密交流和支持」）的人，往往有較低的社交焦慮、更高的自我價值感，以及更低的社交焦慮症狀和沮喪感。受訪者來自不同的社會經濟背景、種族和民族背景，這個「最好的朋友」可以是受訪者單方面的認知，他們也不需要在不同階段都說出同一個人的名字。關鍵是影響最大的似乎是品質而不是數量，那些偏好在大型人際網絡中社交的青少年，在二十多歲時容易表現出更高的社交焦慮。根據研究團隊中一位博士生的說法，喜愛結交大量朋友的青少年著重的是「受歡迎」，而不是建立深厚的連結。這位博士生表示，這群青少年非常符合「在人群中感到孤單」的描繪。

我第一次讀到這篇研究時，可不只是很有共鳴而已，而是心中的交響樂團奏出最澎派激昂的高潮。我整個青少年時期就是將大部分精力投入到結交一大群朋友中，但這是否讓我感到被接納並且更有自信？恰好相反，我變成「社交變色龍」，每次遇到新的人都先推測他們想要什麼樣的朋友，然後以此去調整我的個性。我那時從來沒有一個最好的朋友能完全接受最真實的我，這樣做所造成的連環效應是，要到很久以後我才真正了解自己。如果我小時候就遇到艾瑪，不知道我會變得多麼不同。

兒時擁有最好的朋友的影響不只限於心理上，美國的內布拉斯加大學曾發表一項針對一百零三名十歲和十一歲兒童的研究發現，那些有最好朋友的人在處理負面經歷時，「壓力荷爾蒙」皮質醇的水平較低。

我記得小時候真的很想要一個最好的朋友。我會一直在書中讀到他們，並想像著有個完全理解你的人該有多好。我十歲時最喜歡的小說之一是《清秀佳人》。女主角紅髮孤兒安妮來到收養家庭家門口時，只帶著一個旅行手提包，她堅信自己需要一個最好的朋友——或者用書中的話來說是「志趣相投的朋友」。

我好愛安妮，她很有活力又幽默，想像力也非常豐富，以及她為自己挺身而出的能力——當吉伯特在教室裡拉著她長長的紅色辮子，並喊她「胡蘿蔔」的時候，她拒絕扮演被動的受害者角色：「她拿了寫字板砸他的頭，然後打碎了——碎的是寫字板，不是頭。」

我愛安妮的另一個原因是她決心找到志趣相投的人。我們在《清秀佳人》的前幾章中了解到，她一直依靠想像中的朋友來忍受生活中的孤獨和苦差事。我小學時代也有一個想像中的朋友，我有時會向他訴說我內心深處的想法。當安妮遇到鄰居家的女兒、有著漂亮烏黑頭髮的黛安娜時，她認定這就是她期待已久的最好的朋友。不久後，二人便在花園中結下盟誓，鄭重承諾友誼會維持「到日月無光那一天」，後來收養安妮的馬修先生給她一盒巧克力，安妮便問下次見面能否分給黛安娜一半，因為「如果我給她一些，那麼剩下的巧克力對我來說就會甜上兩倍，想到我有東西可以給她，真是令我愉快」。

現在回想起來，我意識到安妮對友誼的直覺非常明智，她確定了友誼之寬容互惠的必要性，同時也明白朋友透過分享相同的經歷可以為生活增添無可計量的樂趣。同樣值得注意的是，黛安娜雖然與安妮志趣相投，但兩個人是很不同的類型，不過在安妮眼中，你們不必是一樣的，你只需要了解朋友可能在想什麼。這也是亞里斯多德對於愛的概念，在一個十一歲孩子眼中的模樣。

那麼成年後最好的友誼是什麼樣子？一項針對全球一萬多人進行調查的友誼報告中，發現認識最好朋友的平均年齡是二十一歲。對於什麼是最好的朋友，以及應該有多少朋友，各國的文化觀念各不相同。在印度、中東和東南亞，受訪者回饋他們擁有的好朋友數量是澳大利亞、歐洲和美國的三倍。沙烏地阿拉伯人的好友平均數量最高，平均為六．六位，而英國人最低，平均為二．六個。美國人平均回報只有一個最好的朋友，而14％的人聲稱自己根本沒有最好的朋友。

根據這份報告來看，包括印度在內的許多亞洲國家認為最好的友誼是建立在交換和平等之上——如果我為你做這件事，希望你會回報我那個恩惠，因此，建立更廣大的人際網絡是有意義的。印度和阿拉伯聯合酋長國的受訪者還表示，他們最看重最好朋友的特質是「有教養和聰明」，他們最常進行的友誼活動是參觀博物館和畫廊。然而，在英國只有16%的人對最好的朋友有文化涵養或聰明感興趣，我們更有可能與朋友一起去酒吧或俱樂部，有43%的人表示這是他們最喜歡的活動，而世界其他地區的比例為25%。

擁有最好的朋友甚至證明可以提高工作效率——一項蓋洛普對一千五百萬人進行的調查顯示，30%在工作中有「最好的朋友」的員工，投入工作的動能是其他同事的七倍之高，他們不只工作品質更高，在工作中受傷的可能性更小。

因此，擁有一個「最好」的朋友，能夠透過不同方式為我們的身心健康和自信帶來助益，而且如前所述，因為「友誼」一詞是如此包羅萬象且缺乏共識，所以「最好的朋友」這個概念能夠獲得社會上絕大多數人的認同和尊重有其特殊意義。

艾瑪：這些年來，「最好的朋友」對我來說變得越來越重要和特別，這是一個公認的角色，你在我的生活中扮演著我在你的生活中扮演的角色。這有點像婚姻，不是嗎？這段友誼能提供我需要的安全，我也需要付出很多努力才能依附並感到安全和包容。如果我想在一段友情中獲得所有我想要的東西以及想達成的目的，「最好的朋友」這個標籤意味著我可以大幅展現自身的脆弱。

我女兒艾莎昨天被爺爺奶奶問有沒有最好的朋友，她說：「我想有吧。」然後她分享了她最好的朋友是誰，他們又問說：「她是好孩子嗎？」艾莎說：「她人真的很好。問題是她人太好了，很多人都認為她是自己最好的朋友。」我真的很懂必須競爭那個位子的感覺。

她真的需要這樣做，大家不妨想像一下要跟「交友成癮者」當最好的朋友會是什麼樣子。我在竭盡所能擴大朋友圈的同時，艾瑪仍然堅定地保持著三、四位親密朋友，我也習慣了舉辦大型聚會時她不會出席。她會以我們友誼的基石——充滿友愛地告訴我，她沒有很喜歡聚會，也不喜歡跟其他的泛泛之交一起共享我的時間。每次我置身於人群當中，她就無法與我建立她最看重的深度關係，這會讓她很沮喪，所以我每次邀請她來參加聚會，都會以「我知道你不想來，但是……」作為開頭。艾瑪有參加我上一次的新書發表會，但她很早就來看我，然後在發表會開始時就坐火車回家，這是一種妥協，讓我們彼此都感到受到重視和珍惜。我認為這是因為我們已經更了解自己了，而且知道沒有別人可以在生活中取代彼此的地位。

艾瑪：這就是我們最好的友誼所去除的東西——沒有競爭，沒有人可以在我的生活中篡奪你的位子，我們也經常把這點放在嘴上。我們之間的連結深度，是我個人在擁有百分之千的安全感才能達到的水準。我想有點像家人，你是我家的「小莉阿姨」，要我列出家人清單時，你一定會在其中。如果可以透過發起連署來增加法律上的家庭成員，那我一定會跟你一起做這件事。

我知道有些人認為這很無聊，我可以理解。如果這不是你曾親身經歷過的事情，確實可能看起來很無聊，更何況，有些人遇到的可能是被小團體朋友排擠的經驗，我自己就曾在三人小圈圈中遇過。但是，我認為對於擁有最佳友誼的人來說，這真的是很特別的經驗。

這真的很特別，雖然我很喜歡寫這一章，因為它讓我覺得和艾瑪很親近，很幸運能在人生道路上能擁有她，但我也發現這是很難的一件事。我試圖用語言表達一些超越文字的事物，例如究竟是什麼讓我們這段「最好的友誼」是非凡的、正向的、療癒的，從某些方面來說這些原因仍然是無形的。我們無法確定，但就是這樣。艾瑪是我不樂意參加聚會的朋友、逃避擁抱的人、搖滾樂手、無償的心理治療師、志趣相投的人、我笑到哭的晚餐同伴、我的安全港、我的救生筏。總之，她是我最好最好的朋友。

友誼錄音帶

威爾基

威爾基．博賓，十歲，小學六年級生。

我認為有朋友很重要，沒有他們生活會很困難。比如說，你想買一包洋芋片，但是現在有事在忙，你沒有可以問的人，那就很不方便。可是如果你有朋友，就可以和他們一起去。此外，我認為如果你真的很難過，有朋友的話他們就能安慰你。

我和我的兄弟姐妹也是好朋友，但你知道他們會一直在那裡，不會就這樣逃跑（如果他們真的逃跑了，你也會跟著他們一起跑）。但是和朋友一起，他們可能會離開或者不再喜歡你之類的，所以你必須付出更多的努力。

我對朋友的定義是我期待能夠見到的人，會邀請我去他們家玩的人，我也會邀請他們來我家。「有朋友」跟「很友善」是不一樣的，因為你可以對不喜歡的人表現友善，但你不會和不喜歡的人做朋友。

我很喜歡跟人互動。我們學校一個年級有五十六人，其中有十五到二十人是我的朋友，在學校以外的話，我大概有十個左右的朋友。我爸媽有很多朋友，所以我別無選擇，只能和那些人的小孩當朋友，我大概也有二十位成年人朋友。我喜歡跟朋友保持聯絡，因為如果失去聯絡，就再也見不到彼此了。我更喜歡見到本人或透過視訊跟他們聊天。

我的朋友都有優點和缺點，如果我很難過、精神很好或很想講話，我都知道該去找哪個朋友。

我沒有唯一的最好的朋友，因為說這樣的話常常會讓其他朋友不高興，我有五個最好的朋友，然後有十個和我不同班的「不錯的朋友」，我只能在下課時間或放學時間見到他們。

很多人都會嫉妒，我想我比較特別，因為我不會有這種感覺。如果有人想絕交，我真的不介意。

我認為女生和男生對友誼的反應不同。我覺得——我沒有要歧視女生的意思，如果男生吵架他們只是互相推擠對方，直到有人承認是自己錯了，另一個人就會原諒他，事情就是這麼簡單。女生就會在下課和午休時間討論友誼問題，有些問題我覺得她們只要說一句「對不起」就可以解決了。

我會在朋友身上尋找的五個最重要特質是友善、冷靜（能夠接受我沒有一起玩）、不固執（對各種想法很開放）、有趣（因為和一個無聊的人做朋友會很無聊）還有活潑。我會說額外加分的特質是尊重人和有幽默感。

13

友誼告終

分道揚鑣是可怕的。即使你知道這是正確的選擇，能帶來健康的身心解脫，但是要告訴一個曾經很親近的人，你不想再跟他們相處是一種精神折磨——對被分手的人或是主動提分手的人來說都是，雖然二者的感受會有點不同。

正如前面提過的，結束一段戀愛關係在文化上是有一套可接受的公式，但是友誼就沒有類似的方法可以採用，我們會預期每一段友誼都能維持一輩子。「有些友誼只會存在人生的特定階段」這種概念對很多人來說是可怕的詛咒。我們從小被灌輸要相信友情應該「永久存在」，這樣才是「良好」的友誼。不過，現實情況是相信友誼都會持續一生，就跟相信婚姻都會維持一輩子一樣不切實際。友誼的告終不必然等同於失敗，告終是不可避免的。一段好聚好散的友誼可以豐富彼此的生命。

然而二十一世紀的人很害怕「結束」這件事。我們的壽命比以前更長，一九五〇年全球平均壽命僅為四十五歲，而到了二〇二二年，數字上升到七十二．九八歲。在西方世界中，任何形式的死亡都是恐懼的來源：我們在額頭上注射肉毒桿菌好維持年輕感；我們投資新的健身課程和飲食以確保可以活得更久——甚至有人試圖透過人體冷凍技術保存身體，藉此控制自己的來世。在這個我們獲得如此多知識、醫學得以大幅度進步，以及很多結果可獲得控制的時代裡，我們不喜歡超出我們能力範圍的想法。從本質上講，我們不喜歡對自己有壞處的想法，希望一切都盡可能長久，因此誤認「堅持不懈」是成功的關鍵。

也因為在這樣一個交流溝通非常飽和的時代，「結束」特別難以讓人接受。無論地理位置或人生階段如何，失聯的藉口都變少很多，即使你不再想見到這些朋友，他們仍然有機會聯絡到你。更重要的是，如果你有社群媒體帳號，他們就能追蹤你的一舉一動，以及你和其他朋友的互動。他們會想知道為什麼自己沒有受邀參加你女兒的成年禮，或者為什麼你和其他共同認識的人一起度假，卻沒有找他們，又或者為什麼你不回覆幾周前傳的那則訊息。如今要搞人間蒸發這套是極其困難的。

艾瑪卻做到了！準確來說，她並沒有真的消失，而是搬到英國較偏遠的南海城。她的交友圈一直都很小，為了保持這種狀態，她知道總有一些友誼不得不結束，艾瑪這一生中曾與三個朋友絕交。她透過富有同情心的坦誠以做到這一點，她也因此成為我的絕交心靈導師。如果我需要向所愛之人或同事傳達一些有點冒犯的訊息，我幾乎都會先與艾瑪確認過。她會幫我打訊息和電子郵件的草稿，我每次閱讀這些內容都會被那股直截了當的坦率給嚇到，所以我在傳送前都會改寫成比較禮貌委婉的版本。

我一直很欽佩她的直率，以及她忠於自己的能力。這是很明智的方式，因為從來沒有任何模糊或誤解的餘地，如果你正直行事，你就不需要承擔別人的罪惡感。

艾瑪從自己結束的友誼中發現到有個共同的議題，這些絕交的朋友都走到價值觀不再跟她一致的階段。他們會希望艾瑪認同自己做出決定，但她無法給予支持。我問艾瑪如何處理友情的結束，她說自己非常相信「非語言界線」。有個例子是她沒有邀請這位朋友參加她的婚禮，這就是一個很明確的訊息。

艾瑪：我認為常見的誤解友誼是永久不變的，除非有充分的理由才能中止這段關係。我們應該乾脆地承認友誼是有保存期限的，不相信這一點的人，最終會落入持續累積龐大朋友的窘境，因為他們無力維持。我的看法是，友誼不是只要維持原始設定就好。而是在雙方都覺得合適的情況下，細心建立、發展和維持友誼，一旦你停下腳步，它就會改變。但這不一定是殘酷的。

這聽起來非常合理，但是我後來很想知道「非語言界線」和「人間蒸發」兩者有什麼區別？也許沒有差別，又或者說在某些情況下，人間蒸發是終結難以持續關係的方式之一，無論被絕交的那一方會感到多麼為難。有一些朋友則是彼此都意識到這段關係不能再運作下去（以艾瑪的觀點來說，這樣的友誼不再療癒而是有害的），所以人間蒸發是雙方都想進行的。和貝卡很要好的時候，我根本不知道她其實那麼委屈不滿，要是我們的交流是日漸減少，也許我會更容易接受這種結果。我並不是期待她能面對面跟我解釋她的感受，只是過去曾經那麼密切往來，突然間安靜地轉身離去是傷人的。

在終結友誼方面我也有罪惡感。雖然沒有像貝卡那樣突然人間蒸發，但我傳訊息和通話的間隔會越來越長，我的抽身模式剛開始是難以察覺的，後來會變得很明顯，我對此心裡非常過不去，所以只有跟艾拉絕交時解釋過那麼一次而已。我一直認為自己需要給出一個正當又有說服力、雙方都能理解的證據，但有時光是這段友誼不再是你需要的滋養力量就足夠構成結束的理由。也許，就像戀愛關係一樣，不再相愛也無妨，因為愛或不愛並不是總是可以解釋的。又或者，你需要清楚地知道自己盡了最大的努力來維持一段友誼，同時接受一項事實：即使你盡了最大的努力，偶爾還是會失敗，因為你已經成長為不同的人，有不同的需求、願望、希望和慾望。也許這意味著你的遺憾可以少一點，也許破裂並不代表我們的友誼就比別人的更好或更壞，或在道德上更「好」；這只是表示我們每個人對友誼的需求並不一致。

我並不確定結束友誼是否有什麼比較有益身心健康的方法。不給對方一個解釋，那就是沒良心，但是如果不厭其煩告訴對方為什麼這樣做，可能也是不必要的殘忍。我的朋友邦妮現在已經七十多歲了，她仍然記得二十五年前一位閨密寄給她的一封絕交信，信中清楚列出閨密眼中的每一個性格缺陷，以此作為終束友誼的理由。

我認為，更健康的方式或許是讓社會更廣泛地接受一件事：友誼就像季節一樣，會經歷循環周期。有些友誼會不斷重生，有一些會自然而然地結束，但它們對你的影響將永遠存在。友誼在你人生中留下的印記才是永久性的，而不是友誼本身。我們一直都是由過去的人生經歷所塑造的，往昔的友情會影響我們未來的友誼，因為它帶給我們寶貴的一課，也教會我們自己曾經是誰、現在又是誰。

如果精神上的慷慨寬容是我衡量友誼的關鍵指標，那也意味著我需要將這項特質應用到那些前朋友身上，寬容地去理解他們當時正面對自身課題，每個人都承受著個人的痛苦，那是別人無法觸及的——這是我對這些過往情誼應有的尊重。只因為友誼告終，並不代表我們與對方的互動就停止了，我們仍然與相關的記憶互動，因此在某種程度上，友誼本身仍然存在——即使它就像一座周圍景觀永久改變了的休火山。

然而。這也並不是說友誼破裂之後就無法挽回，我採訪過的許多老人家都說，人是可以在晚年重新恢復友誼，那些火山又開始活躍了。幾年前，邦妮聯絡了那位寫絕交信的朋友，祝她聖誕快樂，邦妮並不期待任何回報，只是意識到自己不想再背負那股負能量了。這位朋友恢復了聯絡，為當年的信件道歉，並解釋那時她遭遇了人生非常大的打擊，於是她們的友誼又復活了。

在接受友誼結束或暫停的同時，我們還必須誠實面對自己是創造出這種局面的共犯。以我和印蒂亞為例，我在不知不覺中讓她認為我是有求必應的人；與艾拉在一起時，我讓她誤以為我是歡樂的派對嗨咖。和貝卡當朋友時，我則心甘情願擔任仰慕她的小跟班，從離婚到打耳洞，一切都仰賴她的建議和指導，卻沒有意識到她覺得「這令人窒息」。

前述這些情況的共同點就是「我」本身，我讓這些友誼建立在各種半真半假的形象和無法兌現的承諾上。我試圖成為她們想要的朋友，卻沒有意識到這不是友誼最好的運作方式，朋友必須互惠而不是單純相互依賴——我所說的互惠並不是指完全為了利益和義務，而是雙向的往來。

這種雙方共同創造出來的不良友誼有個危險之處，中斷的時候有些人會怒不可遏。艾瑪將此比喻為頭蝨，在使用除蝨洗髮乳的前期，由於頭蝨會努力反抗所以症狀會暫時變得更糟。不過，只因為有人生氣或拒絕接受這種結局，並不代表你做錯事情，通常是剛好相反。沒有人有支配你生活的權利；友誼，就像權力一樣，有可能漸漸腐化。

如果我從一開始就誠實以對，那麼和艾拉、貝卡和印蒂亞的結局會如何？如果我們都願意提供友誼履歷給對方參考，事情或許會很不一樣。這也許是通往更好的友誼的途徑——不是單純的「好」或「壞」的友誼，而是讓我們在缺陷中允許我們做自己的友誼，以及滿足各種需求的友誼。這個時代開始重視身體多樣性和表達多樣性，也許我們還需要開始引入友誼多樣性的概念：有些友誼會比較深入，每個人都有自己的友誼指標，還有並不是每個人都需要同樣多的關注。

我們不必都成為彼此最親密的朋友。我們可以是遠距朋友，也可以是校門口的朋友，也可以是每十年見兩次面的朋友，每一個朋友都可以因其內在的本質以及能夠提供的東西而得到感謝。我不再相信只要我們投入足夠的時間，每一次相識都是通往更深厚友誼的墊腳石。有些友誼只會留在外層圈圈裡，但這不是一種貶低，而是更大生態系統的重要組成部分。

哲學家尼采對此有話要說。在《快樂的科學》一書中，他寫道，休眠的友誼在我們的生活中仍然發揮著作用，我們不應該哀悼它們的結束，而應該在我們走上不同的人生道路時擁抱它們的持續共鳴。他創造了「恆星友誼」（star friendship）這個詞來表示友誼令人眼花繚亂的本性和不同的運轉路線——有些是迅速地發射和爆發，有些則在宇宙的同一個角落裡堅定地閃爍著。

我們的改變是透過生活和累積特定且獨特的經驗。我們進化、成長，有時會遠離自己曾經依賴的人事物，但這是應該的，這是我們在經歷風雨和陽光時面對「我們任務的全能力量」。

⊙ ⊙ ⊙

然而，有些友誼在任何人準備好放手之前就被切斷了，有些結束是無情的，有時，我們摯愛的朋友會死去。這是多麼哀慟的巨大失去，我幾乎一寫到這裡情緒就湧上來，這是我最擔心的事情之一。

除了前男友里奇，另一位過世的朋友叫卡米拉，大家以「小穆」來暱稱，她是那種你每次看到都覺得很高興的人，她擁有極富傳染性的能量和狂野，總是帶著沙啞的笑聲以及很高的情商。我很深刻的記憶之一是一起在體育場裡發傳單以賺外快，我記得我們一直在笑，小穆有著堅定的樂觀態度。

小穆二十七歲時，被診斷出有淋巴腫瘤，經過四年的治療和緩解，後來癌症復發，她在三十一歲時去世。

我想分享更多小穆的事，但我想先告訴你她最好的朋友愛麗絲的故事。我認識愛麗絲的時間與認識艾瑪的時間差不多，我們三個人念同一所大學，經常玩在一起。大二時我和愛麗絲是室友，暑假期間兩個人曾去墨西哥當背包客。直到今天，她都是我最喜歡的朋友之一，這些年來我們的友誼以一種對我來說意義深遠的方式發展著。

愛麗絲和小穆從出生就認識——兩家的爸爸從學生時代起就是最好的朋友，小穆和愛麗絲出生的時間相差不到兩周，她們的友誼有一種與生俱來的機緣巧合，就好像命中注定一樣。

伊莉莎白：作為最好的朋友，她是什麼樣的人？

愛麗絲：她非常有趣又愛耍蠢，而且非常頑皮，我們在一起時一直在笑。她很忠誠，是這個世界上最忠誠的朋友和最有愛心的人。她知道關於我的一切，擁有最非凡的記憶力，記得曾經發生過的每件事，不像我什麼都不記得。所以她過世的時候，我覺得我一半的人生都跟著她一起死了。

我知道如果不解決朋友去世時所發生的事情，這本書就不會完整。當你失去一個非常了解自己的人，你很愛他並與他分享了很多事情，但社會上沒有正式管道可以認可這段緊密的關係，你的悲傷該何去何從？社會普遍不將朋友與配偶或家人放在同一地位，是否會因此讓我們更難承受好友的逝去？當悲傷被邊緣化時，是否更令人心碎？我詢問愛麗絲她是否願意和我談談小穆，以及「最好的朋友」這個標籤對她來說代表什麼。

愛麗絲：我需要全世界都知道她是我最好的朋友，因為這在某種程度上有助於解釋她是誰。你懂我的意思嗎？這不是一場比賽，但對我來說，承認她有多重要——她和我有多要好——的感覺是必要的，這樣才能向她致敬，以及說明她對我有多重要。這也幫助我理解為什麼失去她感覺如此難受，那是因為她太特別了。

伊莉莎白：我認為這是社會全體沒有透過應有的方式來認同這種失去，所以這股悲傷被邊緣化了。

愛麗絲：正是如此，我不怎麼談論到這件事，因為感覺太難解釋了，但是我這樣做的時候，語言是不夠的。我說「我最好、最好的朋友」，但她不止於此，說

「她就像一個姐姐」也不對。她是我的一部分，但沒有真正的詞彙或方式來認可它的重要性。

當愛麗絲問小穆的母親會如何形容她們的友誼時，她用了「靈魂伴侶」這個詞——再一次，我們只能挪用戀愛關係中的用語來解釋如此珍貴的羈絆。或許，像尼采一樣，我們需要伸手到天上去尋找合適的術語。愛麗絲和小穆擁有行星般的友誼，是非常幸運的排列組合，她們運轉得如此渾然天成，而當小穆的行星墜入闃黑的太空時，愛麗絲的宇宙永遠改變了。

即使在這種不可估量的失落中，愛麗絲也找到了值得感激的事情。她很感激從確診到死亡之間她們所共享的時間，她們有機會說出需要說出的話。當死亡突然降臨，所有未曾說出口的話都會有種絕望和揮之不去的折磨感：他們知道我有多愛他們嗎？他們快樂嗎？痛苦嗎？他們有沒有想到我？知道我有多想念他們嗎？那隻飛過窗外的鳥是來自天堂的訊息嗎？懷抱著這些問題的我該怎麼活下去？

愛麗絲在最後的時光中有機會跟小穆說話、分享以及陪伴。雖然時間仍然不夠，但還是很值得。

愛麗絲：她生病的時候我盡可能多陪伴她，我們有好幾天一起手牽手坐在沙發上，重溫老劇《戀愛時代》。我也盡力幫助她媽媽——蘇。我常常陪她一起去醫院做化療，然後努力保持愉快。我其實一直有點恐慌，我做得夠不夠？我在這裡待得夠久嗎？我陪伴她的時間夠嗎？

伊莉莎白：你現在回想她過世前的情況，會覺得慶幸她最後一段路是這樣度過的嗎？

愛麗絲：我確實這麼覺得。我們能說的都說了，所以心理上沒有留下太多負擔。當然我還是很希望她能活著，我很愛她，我想念她的一切。我不會後悔有話還沒說，只是感覺她不應該這麼早離開。我認為那段時光對於療癒這股傷痛有很大影響，那都是愛。

不久之後，愛麗絲要結婚了，小穆為了出席婚禮還重新安排化療時間。

愛麗絲：她戴了一條豔驚四座的金色頭巾，還穿著青綠色的連身裙。她真的超級勇敢，我的意思是……大膽，而且令人驚嘆。她正在經歷種種恐懼，而且身體狀況又很糟糕，卻特意給我特別待遇。這完完全全就是她會做的事。

小穆走了。愛麗絲記得自己在悲傷的早期階段，整個人筋疲力盡。告別式讓她稍微振作起來，但是過了十多年之後，如今愛麗絲發現最有幫助的一件事就是與那些跟她一樣愛小穆的人相處。

愛麗絲：花時間跟她的家人相處對我幫助很大，尤其是她爸爸笑起來很像她，這就好像可以重溫一點點的她。

我其實很氣她沒有好好過完這一生，盡情做所有她會喜歡的事情，我也沒有機會和她一起做。但我也很想念她的很多事情，如果她還在，我的生活會更有趣和豐富……她和我的小孩相處一定會很棒，他們會非常愛她。

伊莉莎白：談論她有幫助嗎？你會和兒子們講她的事嗎？

愛麗絲：有，我們一直會講到她的事，家裡到處都有她的照片，這確實有幫助。

伊莉莎白：但這樣會不會感到痛苦？

愛麗絲：不，我不覺得談到她會痛苦，只是看到其他人跟最好的朋友在一起時真的很痛苦。能準確呈現這種關係的影劇很少，但是那些少數捕捉到精髓的……

我在看影集《女孩我最大》的時候就覺得難以忍受，因為主角她們之間作為朋友的親密感，是我再也無法擁有的。我以前從沒跟你說過，但有時候看到你和艾瑪——我會覺得有點痛苦。

伊莉莎白：我真的很高興我們在討論這件事，這讓我很清楚意識到這一點。我愛你的方式，跟我愛艾瑪與小穆愛你的方式，還有你愛小穆的方式完全不同，這些愛都有各自的美麗在。我很清楚這一點，我只是……我想讓你知道我感覺到了。

愛麗絲：擁有最好的朋友是非常美好的事，並不是每個人都那麼幸運，我很高興你和艾瑪擁有這樣的友情，所以我不認為這是嫉妒心，我只是想念她。

伊莉莎白：而且沒有人能做些什麼來減輕這種痛苦，因為你是這麼地想念她。沒有方法可以消除或減少這股失去感。

愛麗絲：是的，我想心裡的空缺會一直存在。

當所愛之人意外離世，這會動搖你曾經擁有過的任何「確定性」，就好像以往正常的規則不再適用，世界已經搖搖欲墜。這種超現實的、顛三倒四的陌生感與悲傷並存，讓未來看起來很可怕，充滿了意想不到的危險。

愛麗絲：現在如果我身體感覺不舒服，第一個想到的就是癌症，例如嘴巴破了我就會想：「該不會我得了唇癌……」我很肯定內心還有一些問題需要解決，有很多東西我還沒有去應付，我認為這成為一種恐懼。

精神病學家帕克斯博士（Dr. Colin Murray Parkes）曾說：「悲傷的痛苦與愛的喜悅一樣是生命的一部分：這也許就是我們為愛與承諾所付出的代價。」

也許還有另一個要為愛付出的代價，那就是恐懼。我們必須讓自己變得脆弱，去愛另一個人，用心去信任他們，隨之而來的是擔心受到傷害。這就是為什麼我們發現這些關係的終結是如此艱難——因為曾經聚首，現在沒有了，這代表現在的生活對我們的意義不如從前。兩個人共同創造的回憶是一個人無法獨享的，因此我們對生活本身的體驗減少了，也許唯一的應對方法是了解我們曾經多麼幸運地愛過和被愛過。痛苦是我們愛的必然結果，沒有什麼事物可以完全平息，就像沒有人可以取代那些如今已不再與我們一起經歷人生風雨的朋友，他們也不會和我們一起閉上眼睛共舞，一同笑開懷。

14

關於友誼，我學到了什麼

我叫伊莉莎白・德依，我是一個正在康復中的交友成癮症患者。

我有很多朋友，其中一些你在這本書見過，但我的朋友比以前少了，這是理所當然的。我們成長，我們改變，經歷不同的生命階段，並且有理由認為，並非每一種人際關係都能在拉開的距離中倖存下來。

我學到獲得滿足感的祕訣之一，是將友誼理解為圈圈、層次或行星系統。在我們的直接軌道上有一些最親密的知己；在稍遠一點的地方還有一些親愛的朋友，他們不那麼頻繁的引力仍然是我們快樂生活所必需的；然後是那些情深意重的熟人，他們的軌道偶爾會以有意義的方式與我們相交；再更遠之處，還有尼采筆下所言的恆星友誼，我們不再與之互動，但它們的印記仍然存在於共同的銀河系中。我們太陽系中的每顆星球都將處於自己的中心，沒有朋友是「好」或「壞」的。對於幫助我們理解這個世界，他們扮演著維持基本平衡的作用。

我了解到我們有不同的友誼指標，有時這些指標會與另一個人互補，有時則不會。我的衡量標準是精神上的相互慷慨，也就是雙方的出發點永遠是為彼此設想。我的衡量標準不是實質的相處、共同的愛好或長時間通話；我最看重的是寬諒大度的友愛、雙方都熱情好客的本性——「我看到你的所有特色和所有缺點，我全心全意地接納你這個朋友」。我看重的指標是這個人不會堅持認為自己對所有事情都有正確答案，而是願意向其他人請益、求助。朋友是一個來幫助、療癒、傾聽的人，一個真正的朋友永遠不會讓你感到內疚（即使你偶爾會讓自己感到內疚）。對我來說，真正的友誼是包含瓊安的智慧、夏梅的坦白直率、薩特南的異性友誼、克萊米的忠誠和艾瑪的寬容大方，以及充滿很多歡笑。

友誼絕對與數量無關，這是我這些年來一直搞錯的地方。我必須知道放棄一些友誼並沒有問題，事實上還是必要的。如果我一直在徒勞無功地努力證明自己在本質上是討人喜愛的，那麼我就無法成為最重視的人的朋友。我永遠無法溯及既往地說服學生時代霸凌我的人，這麼做毫無意義——除非我先和自己交朋友。

我理解到我並不總是符合自己的友誼標準，我會避免衝突，傾向退縮而不是說出自己受到的傷害。我也容易失去界線，常在第一次建立關係時，給予對方錯誤的印象。我仍會害怕無意中冒犯別人，讓他們暗地討厭我，也很怕如果沒辦法討每個人喜歡，自己就一文不值，但在這些時刻，我會提醒自己，我們都在盡力而為，都在各自的太陽系中運轉，同時可以確信宇宙的其他部分都是浩瀚無垠的，充滿了無限可能性。

最後我想說的是最真摯的友誼，能提供理解、轉化和行星連珠般的承諾，帶給我們最不可或缺的特質，為我們捎來希望。

致謝

無庸置疑地，首先要感謝的是我的朋友們，我真的很幸運才能在我的生命中與許多很棒、仁慈、忠實的友人們結緣，但願你們明白我多麼感激你們能出現在我的生命裡。此外，我還要感謝那些如今已不再聯絡的朋友，無論出於何種原因：你們教會了我很多東西，我懷念過去我們的友情。

感謝我的經紀人奈兒・安德魯給了我出這本書的靈感。感謝蜜雪兒・凱恩，你是一位具有非凡洞察力和才華的編輯。娜奧米・馬汀，你是我合作過的最棒的公關人員，且也遠不止於此。還有，數位天后麗芙・馬斯登，感謝你的創意點子和對我的 TikTok 的密切關愛。

在此向 4th Estate 出版社中參與《害怕沒朋友》問世工作的每位成員致上崇高的謝意，我感到非常幸運地本書能夠經由貴社出版，在此特別感謝卡逖・阿奇爾、安柏・伯林森、彼得・爾布雷沙、貝森・莫爾和佩特拉・默爾。此外，也特別感謝大衛・羅思—艾和查理・瑞德曼，帶給我愉快的聚會夜晚和來自高個兒的擁抱，以及感謝出色的封面由才華橫溢的喬・湯姆森設計而成。

感激碧翠絲・凱特、亞歷克斯・費恩、瑟琳娜・布蕾特和雅各・比切姆讓我的生活（和我自己）保持完整。感恩艾瑪・里德・特雷爾：遇見了你，讓我持續以最好的方式徹底改變我的人生，謝謝你讓我了解什麼是真正的友誼的含義。

感謝在撰寫本書時與我交談的所有人，尤其是瓊安・哈里森、薩特南・桑格拉、夏梅・勒葛羅夫、克萊曼希・伯頓—希爾、弗蘭西斯卡・西格爾和愛麗絲・帕藤。薩特南，我知道你很討厭多愁善感，所以現在就馬上移開目光——我非常愛你們。

感恩黛西・哈里森和雷蒙德・吉爾莫在我需要完成手稿時讓我留在他們布來第伯恩的家裡，那是一段多麼特別的時光。

感謝蘿西・博蒙特—湯瑪絲出色的研究技巧，感謝安德魯・拉姆斯登、凱拉・哈里斯、莉比・霍爾、馬克・福特、寶拉・阿克潘、雷・溫德、莎莉・艾魯拜、莎拉・古拉瑪麗、丹妮爾・貝亞德・傑克森以及我的榮譽教子威爾基・博賓，謝謝你們信任我，和我分享你們的故事。

感恩我的父母湯姆和克莉斯汀，以及對我無數寬容和愛的行為。

最後，感謝賈斯汀．巴西尼，與一個交友成癮者結婚沒有那麼容易，但我愛你能夠體諒我為什麼會這樣。謝謝你堅定不移的愛、支持和體貼，謝謝你成為我的丈夫，也感恩你成為我的朋友。

國家圖書館出版品預行編目 (CIP) 資料

害怕沒朋友：交友狂的「友誼斷捨離」之路，原來不需要那麼多的朋友，反而過得更好 / 伊莉莎白．德依 (Elizabeth Day) 著；童唯綺譯．-- 初版．臺北市：遠流出版事業股份有限公司，2023.12
面；　公分
譯自：Friendaholic : confessions of a friendship addict
ISBN 978-626-361-357-7(平裝)
1.CST: 友誼　2.CST: 人際關係

195.6　　112017721

害怕沒朋友

交友狂的「友誼斷捨離」之路，原來不需要那麼多的朋友，反而過得更好

作者——伊莉莎白・德依（Elizabeth Day）
譯者——童唯綺
總編輯——盧春旭
執行編輯——黃婉華
行銷企劃——鍾湘晴
美術設計——王瓊瑤

發行人——王榮文
出版發行——遠流出版事業股份有限公司
地址——104005 台北市中山北路一段 11 號 13 樓
客服電話——(02)2571-0297
傳真——(02)2571-0197
郵撥——0189456-1
著作權顧問——蕭雄淋律師
ISBN——978-626-361-357-7

2023 年 12 月 1 日　初版一刷
定價——新台幣 480 元
（缺頁或破損的書，請寄回更換）

遠流博識網
http://www.ylib.com
E-mail: ylib@ylib.com